自分を救う本

えるアファメーション・テクニック

石井裕之 著

祥伝社黄金文庫

はじめに――キミの人生は、劇的に変えられる

キミは一度でも、こんなふうに思ったことはないでしょうか？


「こんなこともできない自分は、何てダメなんだろう」

「やらなきゃダメだとわかっているのに、できない」

「仕事運も恋愛運もよくない」

「人間関係が苦痛だ」

「自分のことが嫌いだ。こんなダメな自分、変えてしまえたらいいのに」


キミがこんなふうに思うのは、一度や二度ではないかもしれない。ここのところずっとこんな思いに苛《さいな》まれ、ため息をついているのかもしれないし、今日たまたま人から言われた嫌《いや》なひと言が気になって、落ち込んでしまっているのかもしれない。

「ダメだ」と頭を抱《かか》えるこんな苦しい気持ちから解放されたい。「ダメな自分」を克服

できたら、どんなに気持ちが楽になるだろう――こんなふうに思っていないだろうか？

「ダメな自分を克服する」と言っても、いろいろな「ダメ」があると思います。

自信が持てない
仕事が見つからない
恋人ができない
結婚できない
モテない
人とうまくコミュニケーションが取れない
ヤル気が起こらない
だらしがない
他人の言動が気になって振り回される
やめたいと思っている悪癖がやめられない
騙《だま》されてばかりいる

すぐに緊張してしまう

挙げていけばきりがないでしょう。

本当にダメなダメもあれば、ダメだと思い込んでしまっているダメもある。自分だけの問題もあれば、対人関係の中で浮き彫りになるダメもある。

ダメにもいろいろあるけれども、ひとつ共通していることは、**「キミは、今の自分に満足していない」**ということ。

なぜ満足いくようにキミの人生が進まないのか？

その理由は、たったひとつです。

「キミの意識とキミの潜在意識の連携がスムーズにいっていないから」なのです。

潜在意識というのは、**深いところで自分を動かしている「もうひとつの心」**だと思えばいい。

たとえば、密《ひそ》かに思いを寄せている人と偶然に街で出会ったとします。笑顔で挨拶すればいいのに、キミは緊張のあまり、気づかないフリをして通りすぎてしまって、後でひどく後悔する。

こんなふうに、ときとして自分の意志とは反対に働いてしまう心があることは、誰もが知っていることですが、これが潜在意識なのです。

今の例のように、意識と潜在意識の連携が取れていないと、せっかくの恋のチャンスもモノにすることができなくなってしまうというわけです。

ですから、キミが自分の人生を素晴らしいものにしていくために必要なことは、キミの潜在意識というものを知り、上手に使っていくことなのです。

ボクは催眠療法をベースとしたセラピーの仕事に何年も携《たずさ》わってきました。また、潜在意識を日常生活で活用するためのテクニックについても、著作や講演会を通して多くの人に公開してきました。こうして潜在意識と向き合い続けてきたボクの経験から言えること。それは——、

「潜在意識を味方につければ、キミの人生はキミが頭で考える以上に劇的に変えられる」ということなのです。そのことをキミに伝えたくて、この本を書きました。

この本の内容を理解し、実践することで、ダメな自分が、こんなふうに変わっていくことでしょう。

自信が持てるようになる
人生の目標が明確になる
毎日が楽しくなる
新しいことにどんどんチャレンジできるようになる
人から信頼される
モテるようになる
自分の思いを伝えられるようになる
いつでもリラックスして楽しめる
人とスムーズなコミュニケーションが取れる
勇気が湧《わ》く
苦手な人ともつきあえるようになる

目標を達成できるようになる

「本当にそんな自分になれるものだろうか？」と、そう思うかもしれません。しかし、少なくともキミの**潜在意識は、キミをこんなふうにハッピーにしようと待っている**のです。ところが多くの人は、本来味方であるはずの潜在意識の使い方を誤《あやま》って、自分の敵にしてしまっている。だからアンハッピーな人生になってしまうのです。

本書の中で、いくつかワークが出てきます。必ずワークをやってから、読み進めてください。そうすることで、本書の内容をより深く理解していただけるはずです。

ワークの内容は、本に直接書き込んでいただいてもいいし、別に専用のノートを作ってもいい。

ただし、ワープロなどでタイプするよりも、手書きの文字で書いてください。文字を手書きにすると、潜在意識をより活性化することができるからです。筆跡診断などでその人の深層心理がはっきりと映《うつ》し出されてしまうのも、手書きの文字には潜在意識がダイレクトに表われるからなのです。

さっそくやってみましょうか。

「ダメな自分を克服して、どんな自分になりたいか？」

まずはそれをここで書き出してみましょう。最初は漠然《ばくぜん》としたものでもかまいません。

本書の内容をより深く理解していただけると思いますので、ぜひ面倒くさがらずに、書いてください。

書き終えましたか？

それでは本編のスタートです。

［もくじ］

［第2章］ なりたい自分が入るポケットを作る！
～どんなものも、受け取る準備のできている人のところにしかやってこない

[第3章] なりたい自分にふさわしい行動をとろう
~行動は潜在意識にとって最強の「暗示《アファメーション》」

［第4章］

スグに効果が出る！ダメな自分を救う21のテクニック

［第7章］キミはデカいか？
～恐怖心を克服せよ！

ブックデザイン――ヤマシタツトム
イラストレーション――中村純司

［第1章］

ダメな自分からスタートしよう

潜在意識には「ないもの」が理解できない

キミは真珠だ

真珠の専門店というのは、一般的な宝石店と比べても、どこか特別に高貴な雰囲気があります。神々《こうごう》しい感じさえする。先日も、銀座の真珠専門店を覗《のぞ》いたのだけれど、ちょっと気後《きおく》れしてしまいました。今度は一番いいスーツを着てこようと思いながら、そそくさと店を出てしまった。

そのくらい、真珠には圧倒的な高級感があります。

でも、その高価な真珠も、最初は貝の中に入ってきた異物――つまりゴミから作られる。ゴミを核として、その周辺に徐々に美しい真珠が形成されていくわけです。

だから、「ああ、今の自分にはゴミほどの価値しかない」と、そう思えたとしても、決してがっかりする必要なんかない。ゴミみたいな自分からスタートしても、やがてきっと素晴らしい自分を作ることができる――

そう、ボクはキミを真珠に譬《たと》えたいのです。

「私はダメな人間だ……」と友だちに相談したら、たいていは「そんなことないよ。ダメじゃないよ。アナタは立派だよ」と励《はげ》ましてもらえるでしょう。

でも、ボクはそうしません。

自分のことをダメだと思えたキミの気持ちを、むしろ祝福したい。

なぜかというと、**ダメだと思えた時点で、「本当はダメじゃない」ってことを証明したことになる**からです。


考えてみてください。ゴキブリは自分のことをダメだと思っているでしょうか？

「こんなジメジメした暗いところでコソコソと生きて、みんなから嫌われて、オレって何てダメなんだろう」なんて考えるでしょうか？

いいえ、そんなことは考えもしないはずです。考えていたなら、みんなに好かれる爽《さわ》やかなゴキブリが一匹くらい出てきてもよさそうなものです。

なぜゴキブリは自分のことをダメだと思わないのでしょう？

それは、暗くコソコソと生きるのが、ゴキブリにとっての本性——「本来の自分」だからです。

それでは、キミが自分のことをダメだと思ってしまうのはなぜでしょう?

それは、「今の自分は本来の自分じゃない。私は今の私を超えることができるはずだ」ということを、他ならぬキミの潜在意識が知っているからなのです。

ニーチェの『ツァラトゥストラ』という作品の中に、こんなセリフがあります。

「かなしいかな。やがてその時は来るだろう、人間がもはやどんな星をも産み出さなくなる時が。かなしいかな。最も軽蔑すべき人間の時代が来るだろう、もはや自分自身を軽蔑することのできない人間の時代が来るだろう」(手塚富雄訳・中公文庫)

本当にダメな人は、自分がダメだってことになんか気づかないし、認めない。変わりたい、成長したいともがくことなどない。自分を恥じることなどさらさらない。

都合の悪いことはすべて他人のせいにする。会社が悪い。友だちが悪い。家族が悪い。自らを軽蔑することもできない人たちの時代。誰かを口汚く批判し、完膚《かんぷ》なきまでに叩《たた》きのめすことでしか自分の価値を確認できない人たちの時代。ニーチェが憂《うれ》えたそんな時代は、すでに来ているのです。

確かにキミはダメかもしれない。そう考えることは苦しい。

でも、ダメな自分を軽蔑するその苦しみこそが、キミを真珠に変えてくれる。ゴミはやがて自らを超えて、真珠となって星のごとく輝くのです。

自分のことをダメなヤツだと思えたときこそ、心の底から自分を軽蔑できたときにこそ、自分を超えることができる。

キミが、今の自分に納得できないのに、「私はこれでいいんだ。オンリーワンなんだ。これで十分にステキなんだ」と思い込まなくてはいけないとしたら、それはつまり、「今のダメな自分が本来の自分だ」と認めてしまうことにだってなりかねない。

だからこそ、自分のことをダメだと思えたキミを抱きしめて、ボクはこう言いたい。

「確かにキミはダメなヤツ。でも、そのダメな自分からスタートしよう！」

「ないもの」に心を注《そそ》ぐな

ダメな自分からスタートする。つまり、「今この瞬間の自分」からスタートするとい

うことです。しかし、実際にはなかなかこれが難しい。

なぜ難しいかというと、たいていの人は、今の自分をないがしろにして、**「ないもの」にばかりエネルギーを注いでしまう**からです。

「ないもの」とは何でしょう?

「上司にもう少し理解があれば、私も力を発揮できるのに……」

「もっと容姿がよかったらモテるのに……」

「親の育て方が悪かったから、私は自分に自信が持てないんだ……」

「誰かが私の才能に気づいてくれれば……」

こういうのはすべて「ないもの」に心を注いでいることになる。

どんなに悩んだところで、キミの上司はやっぱり理解がないし、キミの容姿もそこそこ。親を恨《うら》んだって幼少期が変わるわけでもない。六本木あたりを歩いていたら、「ずっとキミのような才能を持つ人物を探していたんだ!」と大金持ちのおじさまに呼び止められることだって、まずありそうもない。

ないものはないんです。

「ないもの」にどんなにエネルギーを注いでも、何も生まれない。ゼロに何を掛けてもゼロです。

どんなに美しい真珠を作る力を持っていたとしても、それだけでは真珠は生まれない。たとえ小さなゴミだっていい。「あるもの」からスタートしなくては、真珠はできない。

大切なことを言います――

潜在意識は、「ないもの」を理解できないのです。

わかりやすい例を挙げましょう。

潜在意識は、たとえば、否定形の文章が理解できません。否定形というのは、あくまでも論理、つまり意識の領域の考え方だからです。

「ピンクの象をイメージしないでください」とボクが言ったらどうでしょう?

イメージするなと言ったのに、キミの頭には真っ先にピンクの象が浮かんでしまうでしょう?

セラピーにおいて、「緊張しない」という催眠暗示をクライアントに与えたとします。潜在意識は否定形を理解できないから、「～しない」という言葉の意味がわからな

い。だから、結果として「緊張」というメッセージしか伝わらず、クライアントはかえって緊張してしまうのです。

これでは逆効果です。

そのため、催眠暗示では、原則として否定形を使いません。「緊張しない」ではなくて、「リラックスする」という肯定形の言葉に置き換えて暗示を与えるのです。

潜在意識は、「〜がない」という言い方――文字通り「ないもの」を理解できない。これはとても重要なことです。

幼い子どもというのは、潜在意識の塊《かたまり》のようなものです。ですから、子どもに指導するときには、否定形を使ったら逆効果です。「○○ちゃん、走っちゃダメよ」と言うと、「〜してはダメ」という否定形が理解できないから、「走る」ということだけが強く印象に響き、さらにひたすら走りたくなってしまうのです。だから、「走っちゃダメ」ではなくて、「ゆっくり歩こうね」と言えばいい。

キミは、何か辛いことがあって泣きそうなとき、「こんなところで泣いてはいけない」と自分に言い聞かせたことがありますか？　そう思えば思うほど涙がこみ上げてきてしまうでしょう？　これも「〜してはいけない」という否定形が潜在意識では機能せず、「こんなところで泣く」という考えに歯止めが利《き》かなくなってしまうからです。

こんな例からもわかるように、潜在意識は「〜しない」「〜がない」などというような否定形を理解できないのです。

つまり、「あれがない、これがない」などと、「ないもの」に気持ちを集めてがっかりしていては、潜在意識は動いてくれないということです。

潜在意識はキミのためにがんばろうとしているのだけれど、如何《いかん》せん「ないもの」しか与えられなくては何もできない。たとえゴミでもいい。何か「あるもの」を与えてあげることで、潜在意識はキミのために働くことができるのです。

どんなに立派でまっとうに聞こえることでも、それが「ないもの」であったら、そこからは何も生まれません。どんなに小さくても、それが「あるもの」であったら、そこから美しい真珠が徐々に形成されていく。

それでは、「あるもの」って何でしょう？

それは、**「今、この瞬間」にキミが起こす行動**です。それだけが、確かに「あるもの」だと言えるのです。

今、この瞬間に何ができるか？

過去はもう終わったことだから、どうしようもない。未来はまだ来ていないから、これもどうしようもない。どうしようもあるのは、「今、この瞬間」だけ。今、この瞬間にキミが何をするか。それがすべてなのです。

今までの人生において、ことごとく恋愛の挫折を重ねてきたとしても、チャレンジした仕事にすべて失敗してきたとしても、辛抱《しんぼう》が続かず自信の持てるものを何ひとつ身につけることができなかったとしても、愛情に恵まれないめちゃくちゃな家庭で育てられたのだとしても……そんなことは潜在意識にとってはどうでもいいことなのです。

もう一度言います。そんなことは潜在意識にとってはどうでもいいことなのです！

潜在意識にとっては、今、この瞬間だけが真実なのです。

今、この瞬間にキミが何をするか？　重要なのはそれだけです。

ときには過去を言い訳にしてしまうこともあるでしょう。そういう感傷に浸《ひた》りたい気分もわからないではない。人間だもの。でも、**過去の事情を言い訳にしたとたんに、キミの潜在意識からは力が抜けてしまう**という厳粛《げんしゅく》なる事実を忘れないでほしいのです。

だって、昔のことを言われても、それは今ここには「ないもの」です。だから、潜在意識にはどうしようもないのです。

もし、この本から何ひとつ学ぶべきものがなかったとしても、どうかこれだけは覚えておいてください――

ダメな自分を救うためのもっとも重要な秘訣は、「今、この瞬間に何ができるか？」を考え、それを行動に移すこと！

悩んだとき。恐怖に襲《おそ》われたとき。迷ったとき。苦しいとき。自信をなくしたとき。不安でたまらないとき。どんなときにも、「今、この瞬間に自分に何ができるか？」だけを考え、どんなに小さなことでもいいからそれを行動に移すこと。

そうすれば、**必ず潜在意識がキミを救い出してくれます。**潜在意識は喜んでそうするでしょう。だって、キミを護《まも》り、成長させ、幸せにするのが潜在意識の使命なのだか

ら。


いつかそのうち……ではない。

来年でもない。

来週でもない。

明日ですらない。

今、この瞬間にキミが何をするか？

「今、この瞬間」にできることを考えるのです。

それがすべてです。

明日、どうなっているか？

来年、どうなっているか？

五年後、一〇年後にどうなっているか？

そして誰にでも訪れる死の瞬間、涙が出るほど嬉しい、幸せな、愛に満たされた自分でいられるかどうか？　ああ、もう一度、こんな人生を生きたいと感謝できるかどうか？

その答えは、過去の中には見つからない。未来の中にも見つからない。
「今、この瞬間」の中にだけあるのです。

ビル・ゲイツも「できること」しかやっていない

「今、この瞬間にできることは何か」を考え、どんなに小さなことでもそれを行動に移す——こういうお話をすると、「それはわかります。でも、なかなか行動に移せない」などと言う人がいるのです。

ものすごく矛盾《むじゅん》したことを言っているのに、本人はまともなことを言っているつもりなのです。

「職場に好きな人がいて、どうしてもつきあいたいんです。そこで、今、自分にできることを考えました。まずは勇気を出して食事に誘《さそ》ってみること——でも、やっぱり怖《こわ》くてできないんです」

まっとうに聞こえますか？

よく考えてみてください。ボクは「何ができないか」を考えろと言ったのではない。「何ができるか」を考えろと言ったのです。

「考えはしたけれど、それを行動に移せない」と言うのであれば、それは「できること」を考えたのではなくて、「できないこと」を考えたということになるでしょう？

「できることを考えてみました——でも、それはできません」って、とってもヘンですよね？

食事に誘うことが怖くてできない。いいでしょう。それはできない。

じゃあ、何ならできるのか？

「昼休みに、雑談っぽく話しかけてみる……いや、それもできそうもない」

う〜ん、できないことを聞いているんじゃない。できることは何かと聞いているんです！

「できること……そうですね……朝、挨拶すること。それなら私にもできます」

そう、それでいいんです！　今、この瞬間にキミにできることは、朝、挨拶すること。それでいいんです。

それを行動に移せばいい。

「でも、その程度のことでは恋愛には何の足《た》しにもならないじゃないですか」とキミは言うことでしょう。

もう真珠の譬《たと》えを忘れたんですか？　**ゴミみたいにどんな些細《ささい》なことでも、潜在意識はそこからスタートするし、そこからしかスタートできない**のだってことを。

「その程度のこと」と言うけれど、「その程度のこと」をキミは今までやってこなかった。あれもできない、これもできないと、できないことに心を揉《も》んでばかりだった。

たったひとつの挨拶でも、キミの全身全霊を込めてやればいい。一生懸命やればいい。それでいい。潜在意識は動きはじめてくれる。

どんなに小さな行動でもいい。できることを考え、行動する。

できない難しいことよりも、できる簡単なこと。

できない大きなことよりも、できる小さなこと。

挨拶が当たり前のようにできるようになったら、そのときにはじめて、次に何ができるか考えてみればいいのです。

「挨拶はできた。もうちょっとレベルアップしよう。今の自分に何ができるだろうか？

たぶん、話しかけて雑談するくらいなら、もうできるかもしれない」

以前は怖くてできなかったことも、気づいたときにはできるようになっている。そういうものです。

できないことはいくら悩んだってできない。できないものはできない。それでいい。でも、どんなときにも、どんな状況にあっても、何かしら「できること」はある。小さなことかもしれないけれど、できることは必ず何かあるのです。そのできることを積み上げていけば、気づいたときには、できなかったこともできるようになっている。

よく考えてみてください。

どんなに大きなことを成し遂げた人も、できないことをやって成功した人はいない。だって、できないことは、やっぱりできないのだから。

ビル・ゲイツだろうがイチローだろうが、結局は自分にできることをやってきたにすぎないのです。

「ほんの小さなこと」でいい

「どんなに小さなことでもいいと言われても、具体的に何をしたらいいのかわからない」と思ってしまうかもしれません。それは、キミが難しく考えすぎているのです。

そこで、ひとつ実例を挙げましょう。最初のスタートは、本当にこんなに些細なことでいいのだということがわかり、気持ちが楽になるはずです。

ボクのクライアントに、ある三〇代の男性がいました。

昔は仕事も恋愛もバリバリとこなしていたのだけれど、病気になったことがきっかけで、もう数年間も引きこもってしまった。部屋の掃除すらできないのに、仕事なんてとてもできそうもない。人と会うことだけでも辛い。恋愛や結婚など思いもおよばない。

幸い、ご両親が経済的に豊かだったので、無理に働く必要もなかったのですが、彼自身が、そんなダメな自分を何とか克服したいと思うようになって、ボクのところに相談に見えたのです。何とか、もう一度、人生を取り戻したい、と。

彼の口からは「できないこと」の話ばかりが出てきます。気持ちは理解できますが、それでは一歩も前へ進めない。

ボクは、彼に何ならできるのかを考えてもらいました。

「部屋を毎日掃除します」

「それ、本当にできるんですか？　ボクのところは、約束を守ってくれないクライアントはすぐにクビにするよ」

「え、そうなんですか？　それじゃあ、週に一度だけ家事の手伝いをします」

「絶対に約束できますか？　たとえ四〇度の熱が出ても約束したことはちゃんとやらなきゃいけないんだよ」

「え、そうなんですか？　そんなこと言われたら、何もできないですよ……」

「できないことを聞いてるんじゃないんだよ。できることを聞いてるの」

しばらくやり取りがあって、最終的には――、

「それじゃあ、トイレから出るときに、必ずスリッパを揃えます」

冗談ではありません。彼もボクも真剣そのものでした。もう三〇をとうに過ぎたこの男性との最初の約束は、トイレのスリッパを揃える――このひとつだけだったのです。

さて、その日の夜に彼のご両親から抗議の電話がかかってきました。

「あなたはうちの息子を馬鹿にしているのか？　もう三〇を過ぎた大人ですよ。人の悩みにつけこんで、スリッパを揃えることで社会復帰できるなんて、いいかげんなことを言ってたぶらかすのか！」

しかし、彼本人は真剣にスリッパの課題に取り組んでくれたのだそうです。

後から聞いた話ですが、忘れてしまったときには、わざわざトイレに戻って揃え直したという。「そんなもの、ちゃんと揃えましたとウソをつけばすむことだ」とご両親に言われても、「石井さんとの約束だから」と言って譲《ゆず》らなかったそうです。

もちろん、スリッパを揃えるだけで社会復帰ができるなどとはボクだって思ってはいません。何をするかではない。できることをやる。

できないことにばかり心を注いでしまうメンタリティから、「この状況にあって、何ならできるのか？」と考えられるメンタリティに変えること。これが重要なのです。

一週間後、再びセラピーに来た彼が、ボクに何と言ったと思いますか？

「スリッパではもう物足りないです。新しい課題を決めましょう！」

そんなことを繰《く》り返して、あっという間に半年が経《た》ちました。

結果を知りたいですか？

彼はなんと営業の仕事をはじめました。周りは、急に無理をするなと止めましたが、驚いたことに彼は売って売って売りまくったのです。しかも、その仕事の関係で知り合った女性と愛を育《はぐく》み、そして婚約したのです。

劇的な変化に思えます。ですが、彼にとっては、ただ小さなできることをやってきただけです。

スリッパを揃えること――つまり、できることからスタートしなかったなら、彼は「できないこと」ばかりを考え、今でも暗い気持ちで引きこもっていたことでしょう。

もちろん、スリッパを揃えることそのものに意味があるわけではありません。必ず笑顔で挨拶するようにするとか、ベッドメイキングするとか、新聞をしっかり読むとか、日記を毎日つけるとか、何でもいいのです。

かつて怒《いか》りの電話をかけてきたあのご両親が、立派な菓子折りを持ってボクのところに見えました。

「おかげさまで息子も昔のように元気になりました。ありがとうございます。ところで、ご相談があるのですが——」

「何でしょうか？」

「じつは、私どもも、夫婦の問題でセラピーをしていただけないかと——」

ボクは言いました。

「夫婦関係を良くするために、今、あなたにできることは何ですか？」

遠回りが一番の近道　スリッパから社会復帰ができた理由

キミがまさに今、引きこもっているのなら、いきなりアルバイトをはじめようなどと無理をする必要はない。

とりあえずアルバイトの面接だけ行ってみよう——いや、それも、正直、キミには荷が重いかもしれない。考えただけで気持ちが沈んでしまうでしょう。

できないことばかり考えていたら、それは誰だって気が滅入《めい》るし、ヤル気も起こらな

い。

一歩でも社会復帰に近づけることで、ほんの少しだけ無理すればできること。「この程度ならできる」と思えるようなことは何でしょう?

今、この瞬間にできること――

「できることですか……まずはアルバイト求人情報雑誌を買いに行くことくらいかなあ」

そう。それがキミにとって精一杯の行動であれば、それでいいのです。

「それじゃあ、朝、歯を磨きます。それなら、いつもやっていることだから」

いえいえ。いつもやっていることではダメです。

やろうと思えばできるのに、今までやらなかったこと。一ミリでも目標に近づくための「何かできること」を探す。どんなことでもいい。それを行動に移す。ほんのちょっとだけ自分をプッシュするのです。

でも、きっとキミはこの話を聞いて、「そんな小さなことをコツコツと積み上げていかなくちゃいけないなんて、気が遠くなりそうだ」と思っていることでしょう。

スリッパを揃えることから、社会復帰、恋愛、婚約へと至るのは、とてつもなく遠い道のりに思えることでしょう。

確かに、遠い道のりです。しかし、本当はこれが一番の近道なのです。目標に向けての最短距離を進んでいるのです。「できないこと」に無駄なエネルギーを浪費しないということは、寄り道をしないということだからです。

自分の全身全霊を「できること」に振り向け、「ないもの」にエネルギーを無駄づかいしないなら、実際、目標の実現は最初に思っていたよりもずっと早く訪れるものなのです。

一般的に、成長の速度というのは、最初はとても遅い。まるで草が生えてくるのをじっと観察しているように、なかなか目に見えた進歩が感じられないものなのです。ですが、継続するにつれて成長の速度は加速していきます。

潜在意識は倍々ゲームで成長する

キミの日々の努力を紙一枚の厚さに譬《たと》えてみましょう。

ここに一枚の紙があるとします。この本のページに使われている紙と同じくらいの厚さだとすると、およそ〇・一ミリの厚さの紙です。この紙の上に同じ紙を、毎日、一枚ずつ積み上げていくとします。そうすると、もともと〇・一ミリだった厚さが、一日目には〇・二ミリ、二日目には〇・三ミリと増えていき、一カ月続けると、約三・一ミリにまでなります。

ボクたちは日々の努力というものを、こんなふうに積み上げていくものだとイメージしてしまいがちです。

ところが、潜在意識はこれとは違った成長の形式を取ります。日々の努力というのは、潜在意識レベルでは、紙を積み上げるのではなく、紙を二つ折りにしていく割合で増えていくのです。つまり、倍々ゲームで増えていくということです。

一日目に二つ折りにします。すると、〇・二ミリになる。ここまでは先の例と同じです。二日目にはさらにそれを二つ折りにして、〇・四ミリ、三日目には、〇・八ミリ……。

さて、一カ月後にどのくらいの高さになると思いますか？

一カ月を待たずして、二六日目には約六七〇〇メートルになります。これはなんと富士山の一・八倍の高さです。富士山で驚いていてはいけません。三一日が経ったころには、じつに二〇〇キロメートルを越えてしまうのです。

知っていましたか？　地上から一〇〇キロを越えたところからは、「宇宙」と呼ばれるのだそうです！　**〇・一ミリの厚さが、一カ月で宇宙にまで突き抜けてしまう**のです。

潜在意識の成長というのは、最初は小さい進歩に見えても、飽《あ》きずに続けることでこのような結果をもたらす。

イチローにとっても、タイガー・ウッズにとっても、一日は二四時間です。足が三本あるわけでもないし、魔法のクラブを持っているわけでもない。ボクたちと同じ人間です。超人的な特殊な練習ができるわけではない。ただ、**自分の持っている「紙」を馬鹿**

にせずにコツコツと何年も折り続けているというだけのことです。

「実際には紙をそんなに何度も二つ折りにできないよ。せいぜい五、六回も二つ折りを繰り返すと、小さくなりすぎて折れなくなってしまうからね」と言う人もいるでしょうが、そんなことで揚《あ》げ足を取る人は、ただ意地悪な人か、話の本質が理解できない人です。

ボクが言いたいのは、「これっぽっちしかできない」と自分を腐《くさ》らせずに、希望を持ってその「これっぽっち」を折り続けて欲しいということです。

とても大切なことなので、もう一度だけ繰り返します。

潜在意識は、倍々ゲームで成長します。頭で考えるよりも、結果はずっと早く訪れるのです。

子どもの成長を見ればよくわかります。最初は「マンマ〜」くらいしか言えなかったのに、気がつけば当たり前のようにまともな言葉をしゃべっています。極めて短い間にです。子どもというのは潜在意識の塊みたいなものだからです。だから日々、倍々ゲームで成長していくのです。

しかし、大人のボクたちがたとえば外国語をまともに話せるようになるのに、いったい何年かかるでしょう？　まったく面目《めんもく》ない限りです。

大人は頭で考えてしまいます。だから、ひとつの単語を覚えたことに喜びを感じるどころか、「はあ、まだまだ何千も単語を覚えなきゃいけないのに」と考えてしまう。そして、つまらなくなって止めてしまう。

キミにも、心当たりがあるんじゃないかと思います。

ダメな自分の大気圏を突破するには、**今日できる「これっぽっちのこと」に素直に喜びを感じることがどうしても必要なのです。**

難しいのは最初です。

一カ月で宇宙に突入したけれども、三日坊主で終わっていたら、一ミリにすら達していなかった。四日目までがんばっても、まだ一センチにも満たない。こんなふうに、最初のころの成長は本当にがっかりするほど小さい。

ですが、**最初にこそ、無理やりにでも希望を持つ心の強さが必要です。**成果がほとんど目立たない最初のときのモチベーションこそが、もっとも大切なのです。

だから、今日、キミにできることがどんなに小さくても、それを行動に移すべきです。そこに秘められたパワーを決して侮《あなど》らないでください。

「できない大きなこと」に飛びつかないでください。「できる小さなこと」に取り組んでください。**「できない難しいこと」よりも、「できる簡単なこと」を大切にしてください。**

車でも、動きはじめるときにはエネルギーがいる。ローギアでゆっくりと動かさなくてはならない。しかし、走りはじめれば、今度は減速することのほうがたいへんになる。スピードはスピードを呼ぶ。行動も行動を呼ぶ。

最初はちょろちょろとした湧《わ》き水が、やがてごうごうと大河となって大海に流れ込むように、小さな行動も、やがて怒濤《どとう》のようにエネルギッシュな行動の連続へと加速し、目標を実現していく。

どんな熟練ドライバーもローギアから車を動かす。今までのキミは、いきなりトップギアに入れてエンストしてしまっていたのです。

目標があまりにも遠くに思えても、決して気持ちを落とすべきではありません。**自分は最短コースを歩いているのだと自信を持ち、ワクワクして行動してください。**

できることしかできない。だからできることをやる。
これこそが目標に向けての最短距離。
それに気づいた人から成功していきます。

WORK

ワーク① 今、この瞬間にできることを書き出してみよう

ダメな自分を超えるために、キミが「今、この瞬間にできること、、、」を七つ書き出してください（次ページ）。今のダメな自分を一ミリでも克服するためにできること。プラスになること。

昨日までやっていたことではなく、できるはずなのに今日まで行動に移さなかったこと。

□ □ □ □ □ □ □

WORK

ワーク②

二四時間以内に行動しよう。そして、行動に移せた自分を喜ぼう

ワーク①で挙げた七つのアクションのすべてを、今から二四時間以内に行動に移してください。

行動に移したら、□にチェックを書き入れましょう。そして、行動に移せた自分を子どものように素直な気持ちで喜んでください。

目標実現は、頭で思うよりもずっと近くにあるということを忘れないでください。

［第2章］

なりたい自分が入るポケットを作る！

どんなものも、受け取る準備のできている人のところにしかやってこない

キミは本当にダメな自分を克服したいか？

前章のワーク、しっかりやってくれたでしょうか？　どんなにたくさん本を読んでも、どんなに高額なセミナーに参加しても、キミ自身が行動しない限りは、潜在意識は動いてくれません。

もし、キミがまだ前章のワークをやっていなかったら、これから先を読み進む前に、ぜひワークをやってみてください。焦《あせ》る必要はありません。ボクはキミがワークを終えるまで、いつまででも待っていますから――

◆

さて、本章のテーマに入る前に、ひとつ自分自身に確認してみて欲しいことがあります。

本当に、キミはダメな自分を克服したいのかどうか？　ということです。

「今さら何を言うんだ。当たり前じゃないか。だからこそこの本を読んでいるんだから」とキミは言うでしょう。

たとえば、恋人が欲しいと思ったとする。それがキミの目標だとする。恋人ができれば一緒に楽しい時間が過ごせるし、いいことばかりだろうとキミは思うかもしれない。

でも、本当にそうでしょうか？

今まではひとりだったから、時間もお金も自分のためにだけ使えた。しかし、恋人ができたら、その人のパーソナルな問題もキミの人生の中に入ってくる。自分の人生の問題を処理するだけでもたいへんなのに、恋人のトラブルまで抱《かか》え込むことになる。

生活のリズムも人によって少しずつ違うから、相手のそれにも合わせてあげなくてはいけないこともある。当然、好き勝手にできない部分もたくさん出てくる。親しい仲になればなるほど、精神的により深く傷つき、傷つけてしまうこともある。ひとりだったら、そんな心配はなかったことでしょう。

さて、それでもキミは本当に恋人が欲しいと言えるでしょうか？

あるいは、キミが太っている自分に自己嫌悪を感じていて、なんとかダイエットしたたいと思っているとしましょう。

しかし、痩《や》せればいいことだらけだと思っているとしたら、考え直したほうがいい。

太っていたころのように、胃袋に食べ物を詰め込むことでストレスを処理することなんかできなくなる。運動も続けなくちゃいけない。

対人関係も激変します。キミの友だちは、今のキミが好きだからキミとつきあっているのです。だから、太っているキミが好きなのです。できるだけ今のままのキミでいて欲しいと思うのです。

キミがダイエットを成功させたら、彼らにとってキミはキミじゃなくなる。友だちのキミに対する態度が変わるかもしれない。冷たくなるかもしれない。疎遠になるかもしれない。嫉妬《しっと》されるかもしれない。嫌《いや》がらせを受けるかもしれない。

それでも、やっぱりダイエットしたいかどうか？

いや、もっと辛いこともある——

ある男性がいました。とても太っていました。好きな女性ができました。高嶺《たかね》の花だと思いました。「オレなんかを好きになってくれるはずはない」と、そう思ってあきらめていました。

あるとき、ちょっとしたきっかけで、痩せていたころの自分の写真をその人に見せました。すると彼女は、「わあ、○○さん、カッコイイ！」と言ってくれたのです。そして、ついに彼は奮起し、何カ月もかけて狂ったようにダイエットに励《はげ》みました。昔の体重に自分を戻したのです。

満《まん》を持《じ》して、彼は憧れの人に告白しました——

フラれました。

何カ月もかけて落とした体重は、あっという間に元に戻ってしまった。

今までは「太っているから」「容姿に自信がないから」ということで言い訳ができていた。でも、ダイエットを成功させて「カッコイイ自分」に戻ったなら、もはや容姿を言い訳にできなくなる。好きな人に告白して断られた。それは、「自分の容姿」を否定されたのではなく、「自分という存在」を否定されたことになるのだと、彼はそう感じました。これは辛いことです。

今までは「太っているから」「容姿に自信がないから」ということを、すべての言い訳に使ってきた彼にとって、「正味《しょうみ》の自分」で勝負して否定されたことは、この上なくショックなことでした。太っていたころの自分に戻ろう。彼の潜在意識は超特急で元の体重へと逃げ帰ったのです。

欠点や短所は、ときとして自分の存在を護《まも》るための役割をしていることがある。よくないとわかっていても、なぜか欠点を改善できないことがあるのはこのためです。

ダイエットを成功させることで、「正味の自分」がさらけ出される。これは怖《こわ》いことです。それでも、キミはダイエットをしたいと思えるかどうか。

ボクがここで言いたいのは、多くの人が、目標とか夢を抱《いだ》いていながらも、「その実現によって失うものや、失う可能性のあるものもあるのだ」という現実を見ないようにしているということ。しかし、**どんなに見ないようにしても、潜在意識はそれを知っています。**だから、「本当は、実現なんかしたくないんだよな」と潜在意識は理解する。

そうなると、キミの潜在意識は、やっぱりダメな自分のままでいようとするのです。

ラーメンだってタダでは食べられない

キミの目標がクリアかどうか。ぼんやりとした文字通りの「夢」なのか、それともより現実感を伴った「ヴィジョン」なのか。

その違いは、「その実現によって失うものも当然ある。それでもその目標を実現したいのかどうか」という問いに対する答えが明確かどうかにかかっているのです。

そこで、さっそく次のワークをやってください。

カンタンなワークですが、真剣に取り組めば取り組むほど、潜在意識の反発が少なくなる。ボクはセラピーでクライアントに向き合ってきた経験から、そのことを確信しています。

なかなか現状の問題を克服できないクライアントは、ただ短絡的に「自信が持てるようになれればすべてがうまくいく」とか「ダイエットできればそれですべてのストレスは消える」と考えてしまって、目標実現の「影」の部分に目を向けようとしません。

ボクが「失うものを考えてみて」と言っても、「つべこべ言わずに、ただ催眠療法で自信をつけてくれればいいんだ！」とか「痩せれば問題はすべて解決するんだ」の一点張りなのです。

ラーメンを食べたら、代金を払うのと同じこと。**どんなことにも、当然、代償はあ**

る。問題は、「それだけの代金を払ってでもそのラーメンを食べたいかどうか」なのです。ラーメンは食べたいけれども、お金を払うことからは目を逸《そ》らしたい。そういう姿勢だから、なかなか問題を克服できないのです。極めてシンプルな理屈ですね。

目標をクリアにし、潜在意識をフルに活用するために、ワークをやってみましょう。

WORK——

ワーク③ どんな自分になりたいか？ キミの願い（夢・目標）を詳細に書き出そう

ダメな自分を克服して、どんな自分になりたいのかをできるだけ詳しく書いてください。

たとえば、「会社を辞めて独立する」ということであれば、いつ辞めるのか、そして、どんな事業で独立するのか、事業資金をどうやって集めるのか、など可能な限り詳細に。

WORK——

ワーク④
なりたい自分になれたら、キミが失うものは何だろう？

ワーク③で書いた、「ダメな自分を克服した自分」を踏《ふ》まえて、それが実現したときに、失うもの、失うかもしれないものを考え、それぞれについてできるだけ具体的に書いてみてください。

「会社を辞めて独立する」という例であれば、「きっと土日も休めず、趣味の時間が失われる可能性が予測される。それによってストレスも溜《た》まるだろうし、健康の維持も難しくなるかもしれない」といったふうに、あらゆる角度から、目標の実現のために払う可能性のある代償と向き合ってみるのです。

WORK

ワーク⑤ それでも得られるメリットとは？

ワーク④で書いた、目標実現のための代償。これらの代償を払ってでも、目標実現によって得られるメリットを詳しく書いてください。

ワーク④の代償を払ってでも十分なメリットがあると思えたら、ワーク終了です。

もし、「こうして考えてみると、やっぱり代償が大きすぎて目標実現にメリットがないなあ」と感じたなら、もう一度、ワーク③に戻って目標の設定をやり直します。そして、同じように、ワーク④、ワーク⑤をやり直します。

代償を払ってでも目標を実現したいと思えるまで繰《く》り返してください。

まず、幸せを受け取れるポケットを作ろう

さて、ワークをしっかりとやっていただいたと思いますので、本章の本題に入りたいと思います。

欲しいものや実現したいことがあったら、まずそれを受け取る「ポケットを作る」こと。

手に入ってからポケットを作っても遅いのです。

器《うつわ》を準備すると、それを満たすものが与えられる。今までまったく幸せでなかったという人には、幸せが来なかったんじゃない。幸せを受け取る器がなかった。幸せを受け取る準備ができていなかっただけなのです。

器を作ればいい。受け取るためのポケットを作ればいい。

そうすれば、潜在意識は、「ここに何かが満たされるべきなんだな」と解釈して、それをキミにもたらしてくれるのです。

どんなものも、**受け取る準備のできている人のところにしかやってきません。**どんな幸せ苦難もそれに耐《た》え、乗り越える力を持つ人のところにしかやってこないし、どんな幸せ

もそれを受け取り、感謝できるだけの器のある人にしか与えられないのです。

だから、何かが欲しかったり、実現したい目標があるなら、まずはそれを受け取るポケットを準備すること。


では、どうやってポケットを作るのか？

ポケットを作るためには、**普通とは反対の考え方をする必要があります。**

普通は、「目標が実現したら、○○しよう！」というふうに考えます。

たとえば、「恋人ができたら（目標実現）、ダンスを習おう」とか「二〇キロ痩せることができたら（目標実現）、積極的にパーティーに参加しよう」と考えます。

ポケットを作るためには、この考え方を逆にするのです。

つまり、恋人ができる前に、ダンスを習ってしまうのです。痩せる前にパーティーに参加してしまうのです。

目標を達成したらやろうと思っていることを、先にやってしまうのです。

もちろん、できないこともあります。「恋人ができたら、ふたりで旅行に行こう」と考えた場合は、「ふたりで旅行に行く」というのは、恋人ができる前には実行不可能で

す。「ダイエットしたら、九号サイズの服を着よう」という場合も、九号サイズはダイエットを達成しないと物理的に着ることができないわけですから、これも実現不可能です。

これらは、本当に目標が実現したときのためにとっておいてください。

でも、「恋人ができたら、ダンスを習おう」と考えた場合には、「ダンスを習う」ことなら、恋人がまだできていなくても、できた気持ちになって実行することができるはずです。「二〇キロ痩せることができたら、積極的にパーティーに参加しよう」という場合も、ダイエットを成功させる前にだって「積極的にパーティーに参加」することは可能です。

このように、「目標が実現したら、〇〇しよう！」と考えていることの中にも、「目標が実現したつもりになって、先に〇〇してしまう」ことができるものがいくつもあるはずです。

それを、目標が実現する前にやってしまおうというわけです。

ダイエットしてもすぐにリバウンドしてしまう本当の理由

「目標を達成したらやろうと思っていることを、先にやってしまおう」というお話をしましたが、何のためにそんなことをする必要があるのでしょうか？

それをご説明するために、まず覚えておいていただきたいのは、**「潜在意識はできるだけ現状を維持しようとする」**ということ。

これまで話してきたことと矛盾《むじゅん》するようだけれども、キミがダメだったら、潜在意識はダメな自分を維持させようとするのです。しかし、潜在意識に悪気があるわけじゃない。キミのためにそうするのです。

身体のことを考えてみるといい。暑い日には汗をかいて体熱を逃がそうとするし、寒いときは全身の毛穴を引き締めて熱を逃がさないようにする。あるいは身体を震《ふる》わせることで熱を作ろうとする。そんなふうに、できるだけ自分の体温を一定に保《たも》とうとしてくれるでしょう？

それは何のためかというと、自分の身体を護るため。環境の変化に負けないように、できるだけ一定の状態にキミを保とうとしてくれるのです。

心も同じ。潜在意識は、キミの心を護るために、できるだけ現状のキミを維持しようとする。

たとえば、誰だって大金持ちになりたい。でも、もし一夜にして急に大金持ちになってしまったら、生活環境の激変に耐えられずにキミの心はおかしくなってしまうかもしれない。今まで温厚で親切だったのに、あぶく銭を掴《つか》んだばかりに、冷たくて横柄な人間になってしまうかもしれないし、その結果、気づいてみたら、大切な家族や友だちを失い、堅実に誠実に積み上げてきた人生を台無しにしてしまうことになるかもしれない。

受け取るポケットを持っていないのに、急に巨富が与えられてしまったからです。

それと同じで、ダイエットすることは確かにキミにとっては望ましいことかもしれないけれども、潜在意識は警戒する。

「もし二〇キロも痩せたら、新しい自分に生まれ変わるようなものだ。生活が変わる。人生が変わる。自分は、その変化に耐えられずにつぶれてしまうかもしれない。今は太っているけれど、そこそこまっとうな人生を生きられている。こっちのほうが無難だ。

二〇キロも痩せた自分の人生なんて不安だ。太ったままでいよう」

　そんなふうに潜在意識は考えるのです。

　だから、目標実現に向かって努力する前に、**潜在意識を安心させてあげる**必要がある。ダイエットを達成しても「大丈夫」なのだとわからせてあげる必要がある。

　それが、「ポケットを作る」ということの意味です。

　そのためにこそ、ダイエットが成功したらやろうと思っていることを、今やってしまう必要があるのです。二〇キロ痩せた後の新しい自分に、今から潜在意識を慣らしておく必要があるのです。

「ダイエットが成功しても環境が激変するわけではない。今と同じようにパーティーに気楽に行くだけだ。痩せても大丈夫だな。よし、痩せよう！」

　潜在意識はそう考えるのです。

　だから、「新しい自分」に十分耐えられるのだということを、潜在意識にわからせてあげることが、とても大切なのです。それによって潜在意識は、変化に対して抵抗することなく、キミの目標実現にフルに協力してくれる、というわけです。

ダイエットしてもすぐにリバウンドしてしまう人とか、目標実現の直前でいつも挫折してしまう人などは、このことを一度真剣に考えてみる必要があります。

潜在意識に、**「目標を実現しても決して今の自分が激変するわけじゃないんだよ」**とわからせてあげる。

そのために「ポケットを作る」必要があるのです。

本気で成功するための潜在意識活用テクニック

具体例をいくつか挙げましょう。

起業して成功したら、キミの生活はどうなるでしょうか?

「今は二着で二万九八〇〇円のスーツを着ているけれども、成功したらアルマーニを着よう」

そう思っているなら、一着でいい、多少の無理をしても、今アルマーニを買うべきです。

「今は立ち食いそばで済ますけれども、成功したら一流ホテルのレストランで一万円くらいのランチを食べるだろう」

それが成功したキミのランチなら、成功する前にも一〇日に一度くらいはそういうところで昼食を食べてみる。

もちろん、今すぐにはできないこともある。

「成功したら六本木ヒルズにオフィスを構えよう」と思っていても、現状では経済的にとうてい無理でしょう。でも、すでに学んだように、できないことを考えるのではなく、「何ならできるか?」と考える。

たとえば、六本木ヒルズにオフィスを構えているような気分で、六本木ヒルズの中の一番高級なカフェでコーヒーを飲むくらいならできるはずです。目標実現に向けて潜在意識に与えるプラスの影響を考えたら、コーヒーが一五〇〇円くらいしたって安いものです。

たったそれだけのこと?

でも、「たったそれだけのこと」もやろうとしない人がたくさんいるのです。

驚くべきことに、「成功したら必ず六本木ヒルズにオフィスを持つ」という目標を掲《かか》

げていながら、一度も六本木ヒルズに行ったことがないという人すらいるのです！　そういう人は、潜在意識のメカニズムをまったく理解していない。

潜在意識は変化を恐《おそ》れ、現状を維持しようとするのだから、一度も行ったことのない場所でビジネスを成功させてくれるはずなどありません。

成功した暁《あかつき》の自分に慣れておく。ポケットを作る。

この努力を怠《おこた》ると、目標実現の直前になって、今までの努力をすべて台無しにするようなことをやってしまう。

あるいは、あと一歩、というところで、自分の目標が急につまらないものに思えてきて、ヤル気がなくなってしまう。そんなことが起こるかもしれないのです。

潜在意識を活用する上で、これはとても大切なことです。

ポケットはカラッポだから意味がある

「ポケットを作るったって、カラのポケットじゃ虚《むな》しいじゃないか」

そう思う人もいるでしょう。「ダイエットもできていないのに、痩せたつもりでパーティーに行くなんて、惨《みじ》めじゃないか」「まだ定職がない身で、六本木ヒルズにオフィスを構えているフリだけしてカフェで高いコーヒーを飲むなんて、ただのハッタリじゃないか。そんな無駄なことをして何の意味があるのか」と。

しかし、考えてみてください。

カラだからこそ、何か新しいものが入ってくることができるのです。

誰かがやってきてプレゼントをくれようとしても、両手いっぱいに何かを抱えていたら、受け取ることなんかできないじゃないですか？　カラッポだからこそ、何かを受け取ることができる。

恋人がいないと嘆《なげ》く人がいるけれど、いないからこそビックリするほどステキな恋人と出会い、結ばれる可能性があるのです。

今までのキミには余裕がなかった。遊びがなかった。今持っているものを入れるポケットしか用意していなかった。だから、キミを成長させてくれる新しいステキな出来事も、キミを裕福にしてくれる新しいビジネスチャンスも、キミの横をすり抜けていってしまったのです。

何かが欲しければ、まずそれを受け取るポケットを作ること。最初は、カラッポだからこそ意味があるのです。

嫉妬や焦りは、あきらめの自己暗示

誰かの幸せや成功を妬《ねた》むなんて馬鹿げたことです。

誰かが幸せになったから、キミの幸せの分量が減るなんてことはまったくないのです。誰かが成功した分、キミの成功の可能性が低くなるなんてことも、本当はまったくない。

それどころか、他人の幸せや成功に嫉妬するとき、「あの人には与えられたけれども、自分には与えられない」ということをキミは認めたことになる。潜在意識はそう理解します。そういう暗示になってしまうのです。

だって、**自分にはもっと大きなものが与えられるはずだとわかっていたら、嫉妬したり、焦ったりなどしないはず**ですから。

「あの人は運がいいだけだ」とか「調子に乗っているけど、そのうち失敗するわよ」とか、そんなふうに嫉妬するのは、負け組のメンタリティです。

勝ち組は、他人の成功を見たら、「あの人は、どうやって運を手にしたのか？」「あの人のように波に乗るにはどうしたらいいのか？」といったことを学ぼう、盗み取ってやろうということに心を使います。嫉妬などという自分を貶《おとし》めることにエネルギーを使おうなどとは、これっぽっちも考えないことでしょう。

嫉妬したり、焦ったりするとき、キミは自分のポケットを狭《せば》めてしまっている。いや、すっかり閉じてしまっている。どうぞ、そのことに気づいてください。

結局のところ、他人が成功しようがしまいが、そんなことはキミの成功とは関係ない。キミ自身に受け取る準備ができているかどうか？　それだけが問題なのです。

WORK ——

ワーク⑥ 目標が実現したら、キミはどんなことをするのだろう?

ワーク③で、キミの目標を書いてもらいました。

ここでは、「その目標がもし実現したら、どんなことをするか?」という具体的な行動を七つ挙げてください。

「元気になる」「明るくなる」というような漠然《ばくぜん》としたものではダメです。「どうなるか?」ではなく、「何をするか?」という具体的な行動が必要なのです。

「二〇キロダイエットする」というのがキミのワーク③の結論だったなら、それが実現したらどんなことをしますか?

「二〇キロ痩せたら、恋人を作る」というのではダメです。「恋人を作る」というのは不確定的すぎるからです。「作る」と言ったって、できるかどうかわからないでしょう? もっと具体的に「何をして恋人を作るのか?」というところまで考えるのです。

たとえば、「友だちにいい人を紹介してくれるように頼んでみる」などというのが具体的な行動です。恋人は作ろうと思ってスグにできるものではないけれど、「友だちに紹介してもらうように頼むこと」なら、スグにでもできることのはずです。もちろん、いい人を紹介してもらえるかどうかはわからないけれども、「頼んでみる」という行動ならできるはずだということです。

自分の力で起こすことのできる具体的な行動。それがポイントになります。

□□□□□□□

WORK——

ワーク⑦

目標を実現した気持ちになって、一週間以内に実践しよう

ワーク⑥で挙げた七つのうち、「今すぐに実行可能なこと」をいくつか選んで、これから一週間の内に行動に移してみてください。

「積極的にパーティーに参加する」とか「友だちに紹介してもらうように頼んでみる」というのも、がんばれば今でもできないことではない。

もし、「どれもできそうもない……」と思ったなら、それはたぶんワーク⑥で挙げた行動がまだ「具体的」な行動でなかったということ。あるいは、自分以外の力や、不確定なものに頼りすぎた行動であった可能性があります。その場合は、もう一度、ワーク⑥に戻って考え直してみてください。

この一週間でできることをいくつか決めたら、自分がすでに目標を実現した気持ちになって実行してみてください。

大切なのは、ふたつの努力

今、ワークでやっていただいたように、「未来に実現するものを受け取るためのポケット」を作る努力をする。これは大切なことです。しかし、もう一方では、前章でお話ししたように「今、この瞬間にできること」を淡々《たんたん》とこなす努力も同時に必要になります。

これはちょうど、山の両側からトンネルを同時に掘っているのと同じようなものです。ある日、ある瞬間に、このふたつの努力が出会う。急にトンネルが拓《ひら》けて、これまで暗かったキミの人生がパッと明るく照《て》らされる。

そんな日がキミにも必ず訪れます。

腹筋だけを鍛《きた》えたら、腰を悪くしてしまう。同時に背筋も鍛えてやることで、確実な成果が得られる。それと同じで、ポケットを作る努力と、できることをやっていく努力の両方が必要です。どちらかひとつではうまくいかない。

今できることを一生懸命にやっていても、いったいどこを目指しているのか、何を満たしたいのかを理解させなければ、潜在意識も路頭に迷うだけです。何を買ってきたらいいか教えられずにお使いに出された子どものようです。

しかし、ポケットだけ作っても、現実的な、地に足の着いた行動が伴わなければ、絵に描いた餅《もち》になってしまう。車体は豪華で内装も総革張りだけれども、エンジンがない車のようなものです。

どんな努力も、一面的であったら必ず失敗します。すべてはバランスです。必ず天秤《てんびん》の両方に錘《おもり》が必要なのだということを忘れないでください。

潜在意識には手足がない

「虫の知らせを感じて、家に電話したら家族が病院に運ばれるところだった」とか、「何となくいつもと経路を変えて帰ったら、事故を免《まぬが》れた」とか、そういう話をたまに聞くと思います。もちろん、偶然かもしれません。

しかし、ボクは、**「潜在意識はすべてを知っている」**ということを信じています。

これはすぐには納得してもらえないことかもしれませんが、潜在意識という世界には時間も空間もないのです。時間や空間という概念は意識の領域のものです。

だから、**潜在意識は、時間も空間も超えてキミに必要なものを知っていて、そこにキミを導く力を持っている**のです。

たとえば、キミにぴったりな恋人は、今、ジンバブエにいて、来年くらいに出会えば、お互いにとってベストだと、潜在意識が「知っていた」としましょう。潜在意識はだからキミをジンバブエの運命の人に導こうとします。

しかし、時空を超えてすべてを知っている潜在意識にも、欠点があるのです。

それは、**「潜在意識には手足がない」**ということです。

あまり聞いたことのない表現かもしれません。これはいったいどういう意味なのでしょうか？

潜在意識は、たとえば、次のようにキミをジンバブエに導きます。

仕事から疲れて帰ってきたキミがぼんやりテレビを見ていると、ステキな景色が流れていました。これはどこだろう？　身を乗り出し、ナレーションに耳を傾《かたむ》けます。どう

やらジンバブエという国だそうです。何の馴染《なじ》みもない国です。しかし、キミは何となくそこに行ってみたいと感じました。

「そうだ、今年がんばってお金を貯《た》めて、来年ジンバブエに旅行してみよう」

それは、とてもいい思いつきのように感じられました。

キミは心に決めました。ワクワクしました。仕事の疲れも吹き飛び、明日からがんばろうという気持ちになれました。

――と、ここまでが潜在意識の役割です。潜在意識がキミに与えてくれるものはここまでなのです。

実際にお金を貯めて、旅行の計画を立て、休みを取るために仕事の整理をし、ホテルの予約をし、チケットを買い、空港まで足を運び、飛行機に乗り、ジンバブエの地に自分の足で降《お》り立つことは、手足のない潜在意識にはできない。手も足もあるキミ自身に委《ゆだ》ねられているのです。

潜在意識はキミを正しい方向に促《うなが》すことしかできない。「そうだ、ジンバブエに行ってみよう」とキミが決断するまでに必要なものを引き寄せてくれる。**しかし、そこから先はキミに委ねられています。**

もしキミが、「ジンバブエには行きたいけれど、仕事は休めないし、贅沢《ぜいたく》もできないし、やっぱり無理だよ」と「できないこと」を考えるばかりで、何も行動をしなかったとしたらどうでしょう？

キミは運命の人と出会うことはないでしょう。

でも、潜在意識にはどうしようもないのです。手足がないのです。キミを担《かつ》いで無理やりジンバブエに連れて行くことなどできないのです。

だから、どんなにありがたい本を読んでも、お香《こう》を焚《た》いて瞑想《めいそう》しても、キミ自身が行動しない限りは、ダメな自分を超えることはできないし、夢や目標も実現しない。

潜在意識に、「幸せになっても大丈夫だ」と安心させる――つまり、ポケットを作ることは重要なことです。それによって潜在意識はキミを幸せに導いてくれます。しかし、同時に**キミ自身が具体的なアクションをとらなければ何も実現しない。**目標の実現に向けて、キミ自身の手足を使い、汗を流し、行動することを怠ってはいけません。

ポケットを作ることと、できることをやること。必ずトンネルの両側から掘る努力がどうしても必要なのです。

［第3章］

なりたい自分にふさわしい行動をとろう

行動は潜在意識にとって最強の「暗示《アファメーション》」

ダメな自分を救う本

催眠術のカラクリ

ボクは、セラピストとして、ずっと催眠療法というものを専門にやってきました。だからよく、「催眠術でワタシの性格を変えてください！」などと言われることがあります。気持ちはわかります。でも、昔テレビで流行ったような催眠術と催眠療法とはまったく別のものなのです。

違いを説明するために、テレビの催眠術のカラクリについてお話ししましょう。

水を飲んで酔っ払ったり、自分が鶏《にわとり》だと思ってコケコッコーと舞台を跳《は》ね回ったりするシーンを見たことがあると思います。確かに不思議な光景に見えます。

催眠術とは、すごくカンタンに言えば、一種の「混乱状態」を作り出すことによって、非日常的な振る舞いをさせる技法です。催眠術師の謎めいた仕草《しぐさ》や衣装、テレビカメラ、照明、会場の盛り上がり、おおげさなＢＧＭなど、すべてが混乱状態を作り出すための演出なのです。

もちろん、すべての人があのような混乱状態になるわけではありません。一部の暗示反応性の高い人だけをピックアップして、催眠術ショーは行なわれます。暗示反応性の高い人というのは、催眠術師の暗示にスグに反応するタイプの人です。わかりやすく言えば、「極端に混乱しやすい人」だということ。

たとえば、一〇人の人がいたら、確率としてそのうち一人くらいは極めて暗示反応性の高い人がいます。会場に三〇〇人の観客がいたら、催眠術にバリバリにかかる人は三〇人もいることになる。三〇人もいれば、立派なショーができるはずです。

これが催眠術ショーのトリックです。

催眠術師がすごいパワーを持っているのではない。もともと暗示に極端にかかりやすい人たちを見つけ出す技術を持っているだけなのです。

どんなに魔法のように見えても、しょせんは混乱状態です。催眠術ショーが終われば、元の自分に戻ってしまう。水は水だし、自分はやっぱり鶏ではない。だから、催眠術によってその人の性格や人格を変えることなどできない。好き嫌いとかちょっとした癖を直すことすら、本当はできない。

催眠術というのは、あくまでもエンターテイメントにすぎないのです。

「でも、暗示反応性が高い人って、暗示がスグに効《き》いてうらやましい」とキミは思うかもしれません。「自信がある！」と暗示を入れてもらえば、バシッと自信が出てくるなんて、カンタンでいい。自分もそうなりたいとキミが思ってしまっても無理からぬことです。

だけど、考えてみてください。

暗示反応性が高いということは、要するに他人に影響されやすいということです。プラスの暗示にも反応するが、マイナスの暗示にも反応してしまう。

そういう人は、催眠術師に「キミはスバラシイ人間だ！」と暗示を入れてもらえば、スグに効果が出て、自信満々で胸を張って家に帰ることができるでしょう。でも、玄関に入るなり、お母さんが出てきて「アンタはダメだねえ」と言ったとします。そのひと言にも、同じように影響されてしまうということです。部屋に戻るころには、「やっぱりワタシはダメだ……」と一転してしょげ返ってしまうことでしょう。

結局、催眠術でエイッと自分を変えることなどできないのです。

「別人のようになれます」という甘い罠《わな》に騙《だま》されるな

セラピーとしての催眠療法は、テレビの催眠術とはまったく異なるものです。はじめて催眠療法を受けた人は、「え？ これだけなの？」とがっかりしてしまうことが多いかもしれません。「催眠で別人のような自分になると思ったのに……」というわけです。

都合の悪い今の自分を「全取っ替え」して別人になれたら、どんなに楽だろうとキミだって思うことがあるでしょう。

でも、そうはいかないし、そうはさせません。

第1章でお話しした通り、どんなにダメで嫌《いや》な自分であったとしても、その自分からスタートしなくてはならないのです。今ある自分からスタートしなければ、潜在意識は動かない。まったく別の自分に「全取っ替え」しようと夢見ても、それは「ないもの」なのです。

キミがキミとして生まれてきた以上、最後までキミはキミとして生きていかなくてはならない。これは厳粛《げんしゅく》な事実です。**「まったくの別人になりたい」なんていう姿勢は、**

人生に対する怠慢《たいまん》です。

「何もしなくとも、ただコレを飲むだけで別人のようにスリムになります」なんていうキャッチコピーに騙されてはいけない。気をつけてください。「別人のようになる」などというひと言は、コンプレックスを持つ人の心につけ込んだ巧妙な誘《さそ》い文句なのです。

こんな言葉につい釣《つ》られてしまうのは、要するに自分の潜在意識を信頼していないからです。

自分を信頼してくれない誰かのために一生懸命にがんばる人っていますか？　潜在意識だって同じです。**信じてあげなければ、キミのために働いてはくれない。**

別人のようになどなれないし、なるべきでもない。キミはキミとして輝くべきです。もう一度、言います。**キミはキミとして輝くべきなのです。**

催眠療法というのは、そういうスタンスに立ちます。

催眠療法は、テレビの催眠術とは違って、キミを鶏にしようとか、水を酒にしようなんて思いません。キミは絶対にどんな鶏よりも優《すぐ》れているし、水は酒よりも生命にとってははるかに尊《とうと》いものです。

どうして別のものになんてなる必要があるんですか？

どうやったらキミがキミとして輝くことができるか？　それを見つけていくのが本物の催眠療法の目指すところです。少なくとも、ボクのセラピーはそういう理念に基づいています。

本来、キミはキミとして輝けるはず。でも、それができないのは、キミがキミの潜在意識といい関係を保《たも》てていないからなのです。

言葉よりもはるかにパワフルな暗示とは？

キミは「幸せになりたい」と思っている。でも、その思いを潜在意識に伝えることができなければ、潜在意識はキミを幸せの方向に促《うなが》してくれない。

たとえば、韓国語を話す人に向かってドイツ語で話しかけても伝わらない。それと同じで、潜在意識に何かを伝えるには、潜在意識が理解できる言葉で話しかけるべきで

す。

潜在意識が理解できる言葉というのは、要するに「暗示《アファメーション》」のことです。

暗示というと、「言葉」のことだと思う人が多いけれども、暗示とは言葉に限ったものではありません。

すべてが暗示なのです。

むしろ、言葉による暗示というのは、じつはそれほどパワーが強くない。

ちょっと実験してみましょうか。

「嬉しい、嬉しい、ワタシはとっても嬉しい……」という言葉を繰《く》り返しつぶやいてみてください。

どうでしょうか？　あまり感じられない人もいるだろうけれど、まあ、少しは嬉しい気持ちが湧《わ》いてきますよね？　言葉の暗示に気持ちが反応したのです。

さて、今度は、言葉は必要ありません。ただ、にっこり笑ってみてください。思いっきり歯を見せて、遠慮なくニカッと笑ってみてください。

どうです？　嬉しい気分がパッと感じられるでしょう？

こちらのほうが、言葉で暗示を与えたときよりもずっとスグに、ずっとハッキリとした効果が得られる。

表情筋をちょこっと動かしただけでこうなのだから、キミの日々の「行動」が、どれほど強力な「暗示」を潜在意識に与えるか理解できるはずです。

行動による暗示は、言葉による暗示よりもはるかにパワフルなのです。

暗示は、何も催眠術師の専売特許ではありません。意識しているかどうかは別にしても、**ボクたちを取り巻くすべてが暗示を構成している。**

そして、その中でももっとも強烈な暗示は、キミ自身の「行動」なのです。潜在意識は、キミがどう行動するかを逐一《ちくいち》観察していて、それに応じてキミの人生を形作っていきます。

つまり、ボクの言いたいことはこういうことです。

「ワタシはこういう自分になりたいんだ」ということを潜在意識に効果的に伝えるには、キミの日々の「行動」を使って伝える。**日々の行動を「なりたい自分らしい」ものにすればいいのです。**

もしキミの人生が嫌《いや》なこと続きだとしたら

もう少し、わかりやすく説明しましょうか。

たとえば、誰も見ていないことを確認して、キミが道端にゴミをポイと捨てたとしましょう。もちろん、キミの潜在意識は見ています。そして、こう考えます。

「なるほど、オレって人が見ていないと悪いことでもしちゃう人間だったんだな。今まで気づかなかったなあ。それじゃあ、そういう卑《いや》しい人間にふさわしいものをもたらせばいいんだな。そうだなあ、まずは、同じようにズルい手口で誰かに金を騙しとられるっていうのはどうだろう？　うん、いい考えだ。それがふさわしい！」

そして、潜在意識は、それを実現させる出来事にキミを促します。かくしてキミは、たまたまかかってきた悪徳業者の電話勧誘に、「何となく」興味を持ってしまうのです。

バカバカしいと思うでしょうか？　まるで子どもに向けての話だと思うでしょうか？

そうかもしれません。確かに、幼稚園のころ、ボクがちょっとしたウソをついたとき、先生に「ヒロユキ君、先生にナイショにしていても、神様はちゃんと見てるんだよ」と言われたのを覚えています。

でも、セラピストとしてたくさんの人たちの問題と向き合ってきて、今、やっぱりボクはあの先生が言ったことこそ真実だと思えます。

それを神様と呼ぼうが、守護霊と呼ぼうが、宇宙エネルギーと呼ぼうが、潜在意識と呼ぼうが、すべて同じことです。**潜在意識というのは、本当に、確かに、こんなふうにキミの人生を作り上げていくのです。**

だから、キミの人生に嫌なことばかりが続いていたとしたら、ちょっと立ち止まって考えてみる必要がある。「嫌なことばっかり起こるにふさわしい自分」を潜在意識に暗示するような行動をとってはこなかったか？

ズルいことをしたら、ズルい自分にふさわしいズルいことが起こる。何かを恐《おそ》れて怯《おび》えれば、怯える自分にふさわしい怖《こわ》いことが起こる。人に親切にすれば、親切な自分にふさわしい温《あたた》かいことが起こる――例を挙げればきりがありません。

潜在意識には悪気はないのです。キミに意地悪をしようなんて決して思っていない。むしろ、キミを愛し、キミの望みを叶《かな》えようとがんばっている。ただ、キミが、行動という「暗示」を通して、自分を不幸にさせるような命令を潜在意識に与えているだけなのです。

こんなたとえ話があります。

ある人が、不倫の恋に苦しんでいました。会いたい。でも、会えない。ある日、彼の召使《めしつか》いが、「ご主人さま。また、あの方からのお手紙が届いております」と手紙を持ってきました。彼は、「ああ、叶わぬ苦しい恋なのだ。あの人からの手紙を焼き払ってしまいたい」と言ったのです。

召使いは、その言葉の通り、彼女からこれまでに来た手紙をすべて焼き払ってしまいました――

もちろん、「大切な手紙を焼き払ってしまいたいと言えるほどに、苦しいのだ。それほど愛しているのだ」という意味で言ったのですが、召使いは忠実というかバカ正直というか、その言葉の通りに手紙を焼き払ってしまったというわけです。

潜在意識も、同じです。キミの望みを叶えようと忠実にがんばっているのに、キミの「命令」の与え方が間違っているから、あらぬ方向へと人生が進んでいってしまうのです。

ここでボクが言いたいのは、**「キミ自身の『行動』がキミ自身の潜在意識への、のっぴきならない『暗示』となっている」**ということです。このことを決して軽く見てはいけません。

ある人が、平社員から課長に昇進したとします。昨日まで同じ平社員だった同僚たちが、今日から部下になるのです。本人も同僚たちも、最初は意識してしまう。急に「課長！」と呼ばれても、照《て》れくさいし、しっくりこない。それでも、課長らしくしなくてはなりません。無理にでも課長として振る舞い、行動し、発言します。そうすることで、次第にその人は課長らしくなっていくのです。

これなども、日々の行動が潜在意識に対する「課長たれ」という暗示になっているからこそ、それが実現するのです。

まだ、キミはダメな自分を克服していないかもしれない。でも、「ダメな自分を克服した、なりたい自分」にふさわしい行動を、今から日々の行動の基準とすべきなのです。

たとえば、いつも恋人の態度にイライラしてしまうダメな自分を克服したい。「もっと余裕のある、おおらかな女性になりたい」とキミが思っていたとします。

あるとき、とても腹《はら》の立つことがありました。恋人が、来週末に友だちとサッカー観戦に行くんだとはしゃいでいるのです。来週末は、キミと映画を観に行く約束だったのに……。

まだまだ「おおらか」になりきれない自分。確かに腹が立ちます。しかし、そこでグッと耐《た》えて、考えるのです。

「昨日までのワタシなら、ここでプイッと席を立って黙って出て行ってしまうだろうな。でも、それは『おおらかな人』のする行動ではないよな。『おおらかな人』は、こんなときどういう行動をとるだろう？　そうだ、彼にだって事情があるかもしれないんだから、それを配慮してあげて、なぜ約束が違うのかを落ち着いて聞いてあげればいいんだ」

そこで、キミは、感情を荒立てずに、冷静に彼に対して問い質《ただ》します。

「ワタシと映画に行くことになっていたはずだけど、約束が違うことについては、何か事情があるの？　話してくれたら嬉しいな」

きっと、彼は打って変わったように誠実な態度でキミの質問に答えてくれることでしょう。

しかし、彼から納得のいく答えが得られるかどうかは、どうでもいいことです。大切なのは、キミのこの「行動」によって、「自分は寛容《かんよう》な人間でありたいのだ」ということを自分の潜在意識に伝えることができるということなのです。

WORK

ワーク⑧

「なりたい自分」はどんな立ち居振る舞いをしているだろう？

キミがなりたい自分、ダメな自分を克服した自分は、いったい、どんな表情で、どんな仕草で、どんなふうに立ち、どんなしゃべり方をするでしょう？

今とまったく同じではないはずです。呼吸だって今よりゆったりしているだろうし、声もずっと大きいかもしれない。今までは人と会っても、ちょっと遠慮がちに距離を置いていたけれども、新しいキミは積極的に相手にグッと近づいて話をするかもしれない。

身振り手振りも今までよりも少しおおげさなくらいが、「なりたい自分」にピッタリかもしれません。

「なりたい自分」はどんな感じだろう？　実際に身体を使ってみてください。そして感じてみてください。「なりたい自分」の立ち居振る舞いはこんなふうに変わるなあと思えたポイントを、七つほど書き出してください。

「目線がグッと上を向いている」「今よりゆっくりしゃべる」「立っているときに、足の幅が少し広めになっている」というような感じです。ただ、これらは例にすぎません。決まった答えなどありません。あくまでも「キミにとっての」なりたい自分の表情、立ち方、歩き方、ジェスチャー、話し方、呼吸の仕方が大切です。

□□□□□□□

ここで発見した「なりたい自分の立ち居振る舞い」を、一日に一度は必ず意識してやってみるようにしてください。

特に、好きな人に告白する前、仕事でお客さまと会う前、プレゼンの直前、クレームに対応する前など、「ここ一番」で力を発揮したいときには、必ずやってみてください。掌《てのひら》に人の文字を書いて呑《の》むよりは、ずっと現実的な暗示の効果が期待できます。

WORK

ワーク⑨

「なりたい自分」の行動と「今の自分」の行動は何が違う？

ダメな自分を克服して、なりたい自分になる。その「なりたい自分」の「行動」は、今のキミの行動と比べて、どう違うでしょうか？　それを七つ書き出してください。

たとえば、先ほどの例に挙げたように「おおらかな自分」になりたいのならば、「怒《おこ》って出て行く前に、まず心をオープンにして相手の言い分を聞いてあげる」というようなものが「行動」として挙げられます。

「自信のある自分」というのがダメな自分を克服したキミの理想の姿であれば、その「自信のある自分」は、今のキミと違ってどんな行動をするか？　それを考えるのです。「ゆっくりとしゃべる」というのがそのイメージに合っていれば、それを書いて欲しいのです。

□□□□□□□

この七つの行動を、日々、できる限り心がけてください。ぎこちなくても、完全にできなくても一向《いっこう》にかまいません。なりたい自分らしい行動。そういう行動を心がけること自体が、潜在意識に対する「暗示」になる。それが目的であることを忘れないでください。

潜在意識を萎縮《いしゅく》させてしまう最大の原因

父親の言うことと母親の言うことが矛盾《むじゅん》していると、その子は、大人の顔色を必要以上に窺《うかが》う子どもに育ってしまう。

説明のために、シンプルな例を挙げましょう。

お父さんは「寒いからって家にこもってたんじゃいけない。子どもは外で遊びなさい！」と言う。でも、外に出ようとすると、お母さんが「あら、どこ行くの？　風邪ひくから、部屋で宿題をやりなさい！」と言う。

家にいるとお父さんに怒られる。外に出るとお母さんに怒られる。子どもとしては、どうしていいか困ってしまいます。こんなふうに両親のコミュニケーションが矛盾しても、それがたまにならどうということもない。でも、同じようなことが続くと、子どもとしては「この場合は、どっちの言い分に従ったほうがいいのだろう？」と裏読みをする癖がついてくる。ヘンに大人の顔色を窺う子どもになってしまう。大人になっても、必要以上に他人に気を使いすぎる性格になってしまうのです。

同じことが、キミとキミの潜在意識の関係にも言えます。キミが親で、キミの潜在意識が子どもです。キミが潜在意識に与える暗示が矛盾すると、潜在意識はどうしていいかわからなくなってしまう。萎縮してしまう。フルに活躍できなくなってしまうのです。

昔、電車に乗っていたときに、嫌な光景に出会ってしまいました。

小学校一年生くらいの男の子と、そのお母さんらしき人が乗ってきました。お母さんは、子どもにこう言っていました。「クラスではいっぱい友だちを作りなさいよ。みんなに親切にしてあげるんだよ」と。子どもは「うん」と言いました。

次の駅で、何人かの人が降《お》りていって、席がまばらに空《あ》きました。その子どもは、「あそこ空いてるから座ろうよ」とお母さんの手を引きます。

お母さんがそこで言った言葉に、ボクはひどくショックを受けました。

「座るとさ、年寄りが来たときに面倒くさいから、立ってんのよ」

子どもの気持ちを思うと、どうにも胸が痛みました。

同じようなことを、キミも、キミの潜在意識にしてしまってはいないでしょうか？

ダメな自分を克服したいというキミの願いと、キミの日々の行動は矛盾していないでしょうか?

なりたい自分にふさわしい行動をとること――

ダメな自分を克服し、なりたい自分になるために、潜在意識といい関係を持つ必要がある。そのための秘訣がこのシンプルな言葉の中に隠《かく》されているのです。

日常の「行動」こそが、潜在意識への最大の暗示となる。今までもそうだったし、これからもずっとそうです。

［第4章］

スグに効果が出る！ダメな自分を救う21のテクニック

ダメな自分を救う本

このあたりでちょっと小休止をしましょうか。

この章では、日常で感じるちょっとした悩みや困難にスグに効《き》く潜在意識テクニックを伝授します。ダメな自分を克服するための救急箱みたいなものですね。

この章に関しては、パラパラとめくりながら、今のキミの役に立ちそうなところだけをつまみ食いしていただいてかまいません。

どれもカンタンで、今日から実践できるノウハウです。でも、カンタンすぎるからといって馬鹿にせず、真剣にやること。これが大切です。

昔、あるお経《きょう》の文言《もんごん》を繰《く》り返し唱《とな》えるだけで、どんな病気も一発で治してしまう霊能者のおばあさんがいたそうです。ところが、ある学者がそのお経を聞いて、「そのお経は間違っている。正確には〜と読むのが正しい」と指摘したら、その日からおばあさんの治療はすっかり効かなくなってしまったのだそうです。

要するに、「何を言ったか」ということよりも、「どれだけそれを信じて真剣に言ったか」が大切だったのですね。

それと同じで、本章でご紹介するテクニックも、**正確にできるかどうかよりも、「どれだけ心を込めて一生懸命にやるか」**ということが重要なのです。

潜在意識は、注《そそ》いだエネルギーに応じて、効果をもたらしてくれるからです。

［自己コントロール篇］

ダメな自分を救う本

Technique —— 01

イライラや不安、緊張感が鎮《しず》められない

イライラや不安、緊張感を抑《おさ》えようとすれば、逆に感情が波立ってしまいます。ちょっとした感情を鎮めるためのテクニックをお教えします。

まず、自分の心を落ち着けようとしてはダメ。自分の身体を中心にして半径一・五メートルくらいの空間をイメージする。その空間の中の空気を鎮めるようにするのです。

コップに泥水を入れて放っておくと、自然に泥が沈殿して、きれいな水に戻ります。それと同じように、キミの周囲の空間の空気がスーッと鎮まってくる。イライラや不安が沈殿して落ち着いていくのをイメージするのです。

イライラや不安、面倒な感情は、キミの身体の中にあるのではない。キミを取り巻く空気の中にあるのだと思ってください。

目を閉じてイメージしても、開けてイメージしてもどちらでも結構です。

周囲の空気を鎮める

Technique —— 02

緊張して手が震《ふる》えてしまう

名刺交換のとき、意識しすぎて手が震えてしまうことがあります。たったそれだけのことで、自信を失《な》くしてしまったり、頼りない第一印象を与えてしまうのは損《そん》です。

そこで、カンタンに手の震えをピタッと止めるテクニックをお教えします。

名刺を持っているのではなくて、名刺も自分の手の延長だとイメージするのです。もし名刺をつねったとしたら、「痛っ！」と感じるくらいに、名刺の中に自分の血液が流れているとイメージする。

それだけのことで、不思議に落ち着いて、震えが止まってしまう。

名刺だけではなく、お茶を出すとき、ペンを持って人前で字を書くとき、お茶のカップやペンが、自分の手の延長だと信じてみるのです。

手なんか、震えないのが当たり前です。ぜひこのテクニックを楽しんでみてください。

名刺も手の延長だとイメージする

Technique ―― 03

モチベーションが湧《わ》かない

ダイエットでも宿題でも、やらなきゃいけないのにどうもヤル気が起こらない。重い腰を上げることができない。

そんなときに自分を動かすテクニックです。

ヤル気が起こらないのは、一気に大きい課題を目の前に置くからなのです。見通しのきく、小さな目標に分割するのがコツです。

たとえば、ダイエットの目標が三カ月後に一〇キロ減だとすると、その目標を一週間単位に分割して、一週間で一キロ痩《や》せる目標と考える。もちろん、実際には毎週平均的には痩せられないけれども、三カ月で一〇キロと考えるよりも、一週間で一キロと考えたほうがヤル気が起きやすいし、できそうな気になるのです。

宿題の締切《しめきり》が一週間後なら、全体を七つに分割して、一日に一区分が締切だと考えるのです。

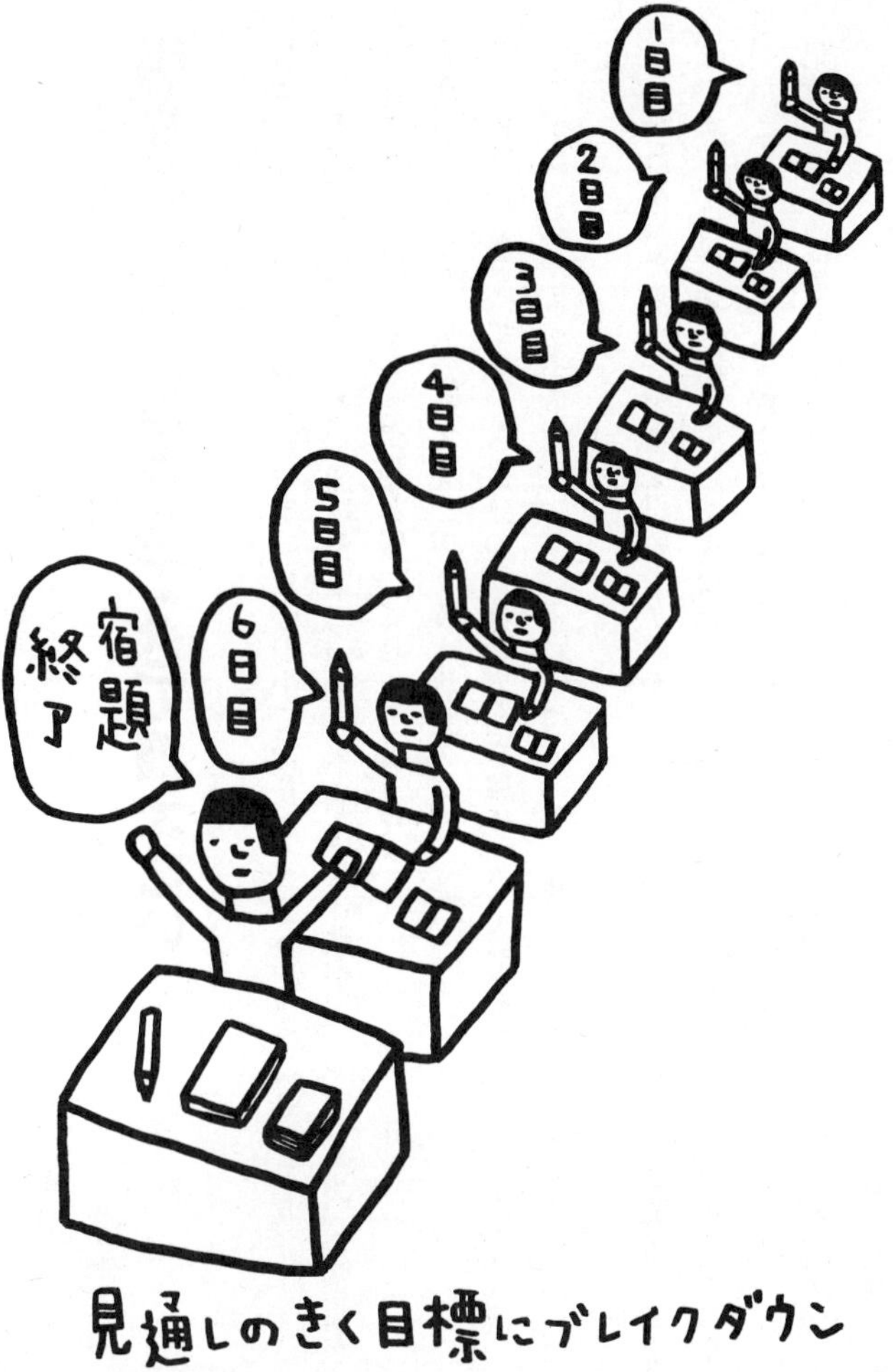

見通しのきく目標にブレイクダウン

Technique ── 04

嫌な思い出が浮かんできて消えない

ちょっとした嫌な体験がいつまでも心の中で繰り返されてしまうことがあります。

たとえば、今朝起こった、通勤電車の中での不愉快な体験が、「つまらないことだから忘れよう」と思っても、ずっと残ってしまうようなとき。

そういうときに、気分をスッと切り替えるテクニックです。

その体験が蘇《よみがえ》ってきたら自分の目線の方向を確認してみてください。たぶん、思い出すたびに目線が同じ方向に向いているはずです。たとえば、目線が右下とか、左下とか。

それがわかったら、その嫌な思い出が浮かぶたびに、目線の方向をスッと変えてしまうのです。その体験を思い出して嫌な気分になっているとき、右下を向いていたとしたら、たとえば、左上に目線を変えてしまえばいい。

記憶そのものは消えないけれど、その記憶に伴う感情が出てきにくくなるのです。

目線の方向を変えると
感情も変わる

Technique ― 05

引っ込み思案な印象を変えてみたい

自分の印象を変えてみたいと思ったときに使えるテクニックをご紹介します。

じつは、額《ひたい》をどれだけオープンにするかは、心をどれだけオープンにしているかの潜在意識の表われなのです。

だから、引っ込み思案な自分を変えようと思ったら、思いきって前髪を上げて、おでこをスッキリ出してみる。逆に、がさつな印象があって、それを変えたいと思ったら、おでこを全部隠《かく》すように前髪を下ろしてみる。それだけで、おしとやかで謙虚な印象を作ることができるのです。

ところで、髪を分けるときには、左のおでこが見えるように左に分け目を作ると、知的な印象を与えます。右のおでこが見えるように右に分け目を作ると、自由で近づきやすい印象を与えることができるのです。

おでこの出し方は心の表われ

Technique ── 06

人に振り回されてしまう

他人の意見や態度に振り回されてしまう。そんな自分に自己嫌悪を感じてしまう人も多いのです。しっかり自分というものを持ちたい。

キミにもそういうところがあるなら、ちょっとしたことを心がけるだけで、カンタンに人に振り回されない自分を作っていくことができます。

「これから一週間、決して走らない」と決めるのです。信号が青から赤に変わりかけているときにも、走らず次の青信号を待つ。ホームの階段を降《お》りているところで電車が出ようとしている。走れば間に合うというときでも、ゆっくり歩いて次の電車を待つ。

もちろん、危険が迫《せま》っているときにも走ってはいけないということではありません。

ほんの数分のロスのために、自分を慌《あわ》てさせないためのトレーニングなのです。これだけのことを心がけるだけで、だんだんと心に落ち着きと自信が生まれてきます。

この一週間 決して走らない

Technique ― 07

恋愛運が悪い

オトコに騙《だま》されていいように遊ばれてしまうだけの女性。オンナに金だけ貢《みつ》がされて捨てられる男性。共通する特徴があります。

恋愛に精神的に寄りかかってしまっているのです。「この恋愛がないと生きていけない」という必死なオーラが出ているから、最初は誠実だった相手もだんだんズルい態度でキミを利用するようになってくるのです。ズルいヤツらにつけ込まれてしまうのです。

「カレのことを深く愛している。でも、もしカレがいないときでも、ワタシはひとりで立っていられる」という気持ちがないと、絶対に恋愛は長続きしません。

そういう悪い癖のあるキミが心がけることは、日ごろから人を当てにせず、自分のことは自分だけで完結させるようにすること。たとえば、お金がないときは、ないお金の範囲で生活する工夫をする。すぐに誰かに頼ってお金を借りたりしないことです。

恋に寄りかからない

［対人関係篇］

Technique ―― 08

対人関係で緊張してしまう①

人と会っているときに緊張しすぎてしまう。初対面の人とふたりで話すときに、自意識過剰になってしまう。ぎこちなくなってしまう。

そんなキミのためのカンタンな処方箋をご紹介します。

人と会ったら、想像上の自分の両手がグーッと伸《の》びて、相手の両肩に触《ふ》れているとイメージするのです。映像でイメージするというよりは、肩に触れている掌《てのひら》の「感触」を想像してみると、より効果的です。相手の肩の温《ぬく》もりとか、ジャケットの肩パットの質感とか、そういうものを感じてみるのです。

その「感触」を維持しながら話をすれば、いつもよりもずっとリラックスした気分になれるし、相手にも打ち解《と》けた印象を与えることができるのです。

これなら、口ベタなキミでもカンタンに活用できるはずです。

イメージの手を伸ばして
相手の肩に触れる

Technique — 09 対人関係で緊張してしまう②

人と話していて緊張しすぎてしまうキミのために、もう少し高度なテクニックをお教えしましょう。

会話をしていない間に、相手の呼吸にキミの呼吸を合わせるのです。相手が息を吐くタイミングで、キミも息を吐く。相手が息を吸っているときには、キミも吸う。呼吸のリズムを同調させるのです。

もちろん、話をしている間にはそれはできません。相手が言葉を話しているときは、キミもゆっくり息を吐くようにする。相手が息継《つ》ぎをしているときは、キミも軽く息を吸うようにするのです。

「ふたりは息が合っている」などという表現がありますが、これは文字通りの意味です。呼吸のリズムが合っていると、相手の潜在意識は安心するのです。

呼吸のリズムを合わせる

Technique — 10

相手の警戒心を解《と》きたい

そのつもりはなくても、緊張した雰囲気を相手に与えてしまうことがあります。それは、キミのもともとの顔の造《つく》りが強面《こわもて》なのかもしれないし、目がキツく見えてしまうのかもしれない。

カンタンに柔《やわ》らかい印象を与える方法があります。日本では通用しないテクニックだと言っている心理学者もいますが、ボクの経験では日本人にも十分な効果があります。人と会ったら、スグに「眉《まゆ》を上げる」のです。おおげさにやると滑稽《こっけい》だから、さり気なく、ちょっとだけでいい。軽く眉を上げる。眉と目の間を広げるということです。鏡の前で少し練習してみるといいかもしれません。

じつは、これは、「ワタシは心を開いていますよ」「あなたを攻撃するつもりはないですよ」「あなたに従いますよ」という潜在意識的なメッセージになるのです。

人に会ったら「眉を上げる」

Technique — 11

相手がどのくらい心を開いているのかわからない

合コンや、ふたりで飲んでいるときなど、相手が社交辞令でキミに好意を示しているのか、それとも本気で親しみを感じてくれているのかをチェックできる方法があります。

まず、キミは自分のグラスを取り上げて飲みます。そのグラスを戻すときに、少しだけ相手のグラスに近づけた位置に置くのです。

そして、相手のグラスの位置がどう変わるかをチェックする。

相手が自分のグラスを戻すときに、キミのグラスから離れた場所に戻したら、相手はまだキミに警戒心を抱《いだ》いています。

しかし、相手が自分のグラスを前と同じ位置に戻したら（つまりふたりのグラスの距離が近づいたままなら）、キミに親しみを感じているという表われです。

こんなふうに、グラスの距離に、ふたりの心が潜在意識的に反映されているのです。

グラスを近づけてみて
親密度を計る

Technique —— 12 上手に人をホメたい①

好かれる人というのは決まってホメ方が上手です。ツボを得たホメ方ができるのです。口ベタのキミでも、相手を喜ばせるホメ方ができるようになります。

コツは、「相手の印象の逆をホメる」ということ。

たとえば、ちょっとお高く留《と》まっている感じのコには「気さくで、話しやすいよね」とホメる。服装が地味なコには「すごくファッションのセンスがいいよね」とホメる。運転が下手な男性には「安定した信頼感のあるドライビングだね」などとホメるのです。

目立つところをホメても、それはみんなに言われていることだし、本人も認識しているから、全然インパクトがない。でも、普段のイメージとまったく逆をホメられると、新しい可能性を発見してもらったようで、嬉しいものなのです。

キミにとってはウソでもいい。だって、相手はそうホメて欲しいのですから。

相手の印象の逆をホメる

Technique — 13 上手に人をホメたい②

先ほどの方法だと「ちょっとウソっぽくなっちゃうなあ」と思ってしまうキミのために、もっとカンタンに相手のホメどころを摑《つか》むテクニックをお教えしましょう。

「好きなペットは何?」と聞きます。相手が、猫と答えようがイグアナと答えようが、「そのペットのどんなとこが好きなの?」と理由を聞いてください。

じつは、相手が答えるその「理由」に、その人が「人からどう見られたがっているか?」ということの潜在意識が表われてしまうのです。たとえば、「猫が好き。自由気ままなところがいい」と答えたなら、その人をホメるときには、「アナタって、我《わ》が道を行く人ですよね」などと言ってあげると喜ばれるのです。「イグアナが好き。危険なところがいい」という理由だったら、「キミって、ちょっと不良っぽいところがカッコイイよね」などという感じ。もちろん、ペットの質問の直後ではなく、しばらく間をおいてから言うこと。

好きなペットの理由を聞く

Technique —— 14

相手の好きな異性のタイプを探りたい

前に「好きなペットの理由を聞くことで、その人が他人からどう見られたがっているかを知ることができる」というテクニックのお話をしました。じつは、このテクニックに続けて、「相手の好きな異性のタイプ」を知ることができるのです。

「それじゃあ、もし飼《か》えるとしたら、二番目に飼いたいペットは何？」と聞きます。現実的なペットでなくてもいい。先ほどと同じように、そのペットが好きな理由を聞くのです。そして、その理由こそが、その人の「求めるパートナー像」を象徴しています。

たとえば、キミが女性だとして、意中の男性が「馬が好き。逞《たくま》しくてまっすぐなところがいい」と答えたなら、「フラフラしていない、芯《しん》の強い女性」を求めていることになるから、あまり「女らしさ」を強調したアプローチをすると、逆効果になる可能性があるかもしれない。キミは、「しっかりと自立した自分」を演出すればいいのです。

2番目に好きなペットは
理想の恋人像

Technique ── 15

初対面の人に声をかけるのが苦手

誰にでも、得意な側《がわ》と苦手な側があります。右側に人にいてもらったほうが安心する人もいれば、左側にいてもらったほうが心を開きやすい人もいます。

つまり、人と並んで歩くとき、座るとき、あるいはナンパなどで声をかける場合にも、相手の得意な側からアプローチすれば、よりスムーズにリラックスした関係が築ける。

相手の得意な側を見極めるカンタンなポイントをお教えしましょう。

相手がどちら側にカバンを提《さ》げているかチェックするのです。カバンや荷物を持っている側は、相手にとって防御したい側。潜在意識的に、カバンや荷物でそちら側をかばっているのです。

だから、相手がカバンを提げて「いない」側から近づいたり、そちら側に座ればいい。

相手としては、自分の得意な側にいるキミには心を開きやすいし、安心するのです。

カバンを持っていない側から近づく

Technique ── 16

相手の目を見て話せない

相手の目を見て話す。それが大切なことだとわかっていても、どうしても目を合わせると緊張してしまう。怖《こわ》い。

そんなキミへ、相手の目をしっかり見ることができるテクニックをご紹介します。相手の「まばたき」を観察するのです。まばたきの回数を数えるとか、右と左のまぶたの動きの違いを観察するとか。

つまり、相手の「心の窓としての目」ではなく、「生理学的な目」を見るのです。それだけで、自意識過剰にならずにあっさりと相手の目を見ることができます。

顕微鏡で細胞を観察しているときに、キミは「自分がどう思われているだろうか?」などと自意識過剰になることはありません。相手の目を見る、というよりも相手の目を観察するつもりになるだけで、緊張しないですむのです。

心の窓としての目ではなく
生理学的な目を見る

Technique ― 17 笑顔が作り物っぽくなってしまう

どうしても笑顔がウソっぽくなってしまうというキミのためのテクニックです。

神経学者によれば、本物の笑顔は、大頬骨筋《だいきょうこつきん》と眼輪筋《がんりんきん》の両方が動くのだそうです。この大頬骨筋という口から頬《ほお》にかけての筋肉は意識的に動かすことができるのですが、眼輪筋のほうは本当に優しい気持ちにならないと動かないのだそうです。だから、よく偽物《にせもの》の笑顔のことを「目が笑っていない」と言いますが、これは文字通りの意味です。

でも、意識的には動かせない眼輪筋を動かす方法があります。「大好きな人」や「大好きなペット」など、キミが愛する対象のことを考えるのです。そのことを考えているだけで、自然に優しい気持ちになり、眼輪筋も「笑う」というわけです。

人と会うときには、「大好きな人のこと」「大好きなペットのこと」「大好きな芸能人のこと」などを密《ひそ》かに考えてみればいい。それだけで、キミの笑顔は本物になります。

人と会うときには
愛する対象のことを考える

Technique —— 18

ついカッとしてしまう

相手に向かって感情を爆発させてしまって、後で後悔することがあります。冷静に対応したいと思っていても、ついつい感情を抑《おさ》えられなくなってしまうんですね。

そんなキミのために、どんなときにも冷静に会話をするための秘訣をご紹介します。

相手と話をしていて感情がぶつかりそうになったとき、会話している自分と相手を自分の外から見るのです。つまり、いつもは自分の目線で相手を見ながら話をしているけれども、ちょっとひと呼吸置いて、今、こうやって会話している自分と相手を、第三者の視点から想像してみるのです。

そうすると、「ああ、何かワタシ、つまんないことでムキになっちゃっているな」というように、客観的に今の状況を見ることができるのです。会話がエキサイトしたら、一瞬、自分を抜け出して、外からふたりの様子を眺《なが》めるようにしてみてください。

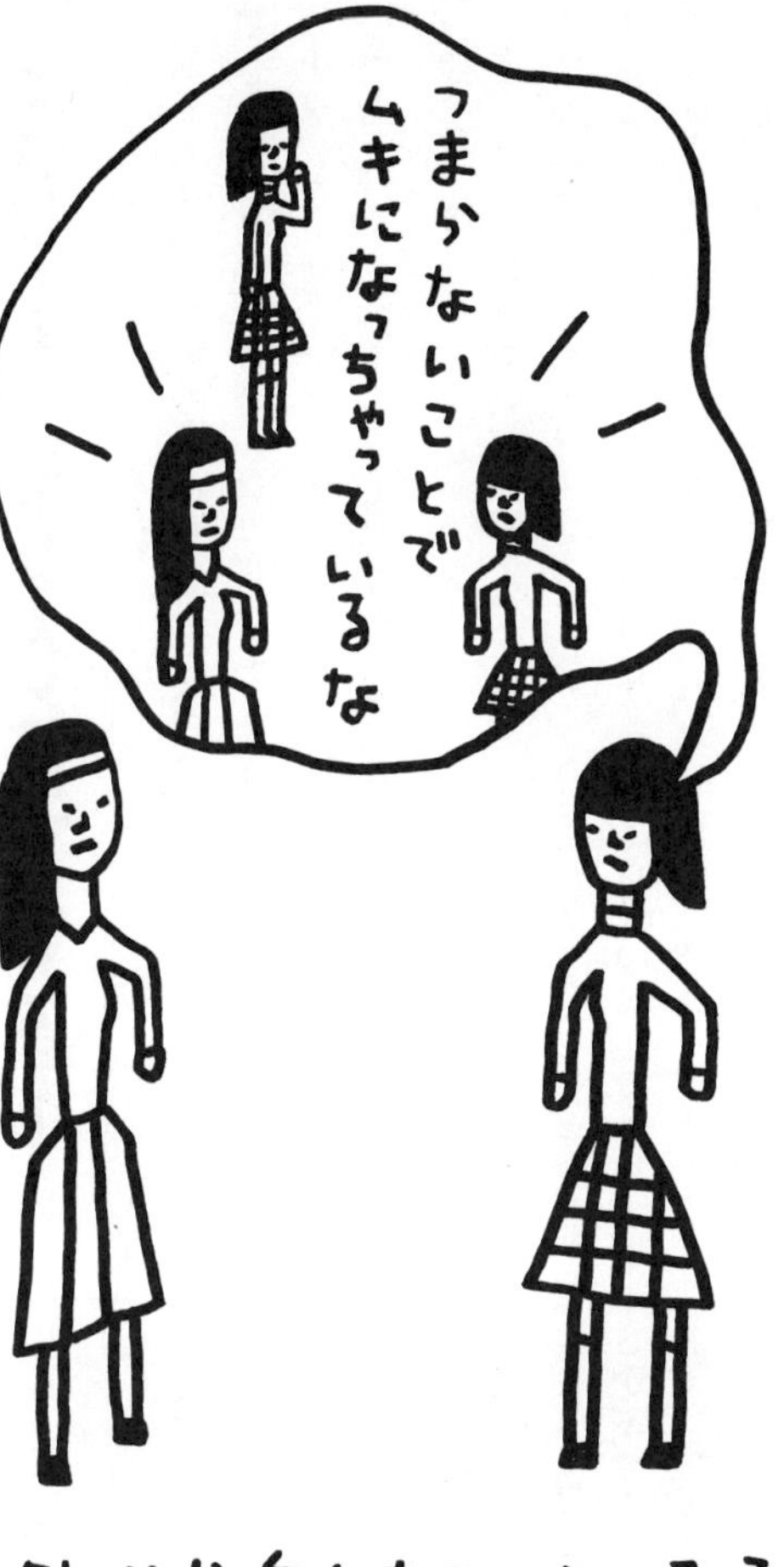
つまらないことで
ムキになっちゃっているな

外から自分を眺めてみる

Technique ― 19

どうしても苦手な人と接するとき①

ある人に対していったん苦手意識ができてしまうと、なかなか心を開いて接することができないものです。そんなときにも、ちょっとしたテクニックを使うことで気持ちがグッと楽になります。

たとえば上司がとっても嫌なヤツで、顔を見るだけでムカついてしまうとしましょう。

さて、この次に上司に会うとき、その上司が「ハゲづら」をかぶっていると想像してみてください。そのイメージの上司が、キミに話しかけていると思って聞いてみるのです。「ハゲづら」がピンとこなければ、たとえばミッキーマウスの帽子をかぶっている、とイメージしてもいい。要するに、バカバカしければどんなイメージでもいいのです。

「お前、また遅刻しやがって。自覚があんのか！」などと小言を言われても、おかしくて、苦手意識など吹っ飛んでしまいますよ。

たとえばハゲづらを
かぶせてみる

Technique ― 20

どうしても苦手な人と接するとき②

キミに、嫌いな同僚がいるとする。一緒に仕事をして結果を出さないといけないとなれば、苦手意識を解消するだけでは足《た》りない。相手の立場に立って考えてみる必要があります。そのためのテクニックをお教えします。

一度だけでいいから、自分の部屋で、相手になりきって演技してみるのです。相手の座り方や表情、しゃべり方なども克明にまねをしてみるのです。ものまね芸人になったつもりで、真剣にやってみる。

そうすると、不思議なことにその同僚に親近感を感じられるようになってくるのです。考え方や弱点も何となくわかってきて、「あんな嫌われ者でしか生きていけないのも、ちょっとかわいそうな気がするなあ」と心に余裕も出てきます。仕事もやりやすくなる。苦手な人の弱点を愛してあげることができたとき、キミは大きく成長したことになる。

密かに相手のものまねをしてみる

Technique —— 21

素直になれないとき

素直になりたいのに、なぜか素直になれないときがあります。つれない態度をとって、後で後悔することもあります。

人と話しているとき、素直になれるカンタンなテクニックをご紹介します。

会話をしながら、身振り手振りで、できるだけ自分の掌を見せるようにするのです。

心を閉じている人は、反対に、話していてもあまり掌を見せようとしません。

犬がお腹《なか》を見せたとき、「降伏しました」という意味だとよく言います。潜在意識的な象徴としては、掌も犬のお腹と同じようなもの。「アナタに心を開いている」という意味です。さすがにお腹を見せるわけにはいきませんが、掌を見せることならカンタンです。

そういえば、手相を見てくれる占い師に素直に心を開いてしまうのも、掌をさらけ出しているからかもしれませんね。

掌を見せてしゃべると
素直になれる

第5章

好きな自分になるための処方箋

自分を変えるテクニック

ダメな自分を救う本

自分が嫌いなら、好きな自分になればいい

「自分のことが好きになれない」という人によく出会います。もしかしたら、キミにも少しそういうところがあるかもしれない。「自分が嫌いだ」というところがあるかもしれません。

親から否定されて育つと、自分のことを好きになれなくなることが多いようです。親の手を離れ、誰も否定してくれる人がいなくなると、自分で自分を否定しなくちゃいけない気になってしまうのです。

友だちが「アナタはステキだよ。素晴らしいよ！」なんて受け入れてくれればくれるほど、「いや、ワタシには価値がないんだ。みんなは素晴らしいけれど、ワタシだけ存在している意味がないんだ」なんて思ってしまう。

存在している意味があるかどうかなんて、キミが決めることじゃない。もちろん、キミの友だちが決めることでもない。神様が決めることです。

でも、そんなキミの気持ちもボクはよくわかるんです。ボクも昔は、「自分には価値

がない。自分が嫌いだ」と思って苦しんでいましたから。

本当に辛かったです。周りのみんなはとても輝いていて、何かしら誇《ほこ》れるものを持っているのに、ボクには何もない。何ひとつない。

友だちと遊んでいても、「ボクのようにつまらないヤツと一緒に遊んでもらって申し訳ない。きっとボランティアのつもりで無理して遊んでくれているのだろう」と思ったものです。恋愛をしても、「きっといつかこの子も正気《しょうき》に戻って、ボクなんかとつきあっているのが馬鹿みたいに思えることだろう」なんて。

口にこそ出さなかったけれど、ボクの青春時代はそんな自己否定的な気分に満ちていました。


自分を好きになることの大切さを説いている本はたくさんあります。でも、どうやったら好きになれるのかを教えてくれる本はほとんどない。「自分を好きになりましょう」「自分を愛してあげましょう」と口で言うのはカンタンですが、それを実践するのがどれほど困難なことかは、ボク自身がよく知っています。好きになろうと思ってなれるようなら、苦労はしません。

したがって、ボクはキミに「自分を好きになりましょう」とは言いません。**むしろボクはこう言います。「好きな自分になってください」と。**

「今の自分」を無理やり好きになろうとする必要はない。嫌いでいい。軽蔑していい。その嫌悪感こそが、「それじゃあ、好きになれる自分になってやろう!」というモチベーションになるのです。「ダメな自分」から抜け出すための起爆剤になるのです。「今の自分が嫌いだ」という思いを、キミの力に変えるのです。

自分が嫌いでもいい。しかし、「嫌いな自分」にとどまっていてはいけません。「好きになれる自分」に向けて、自分を変化させていくのです。ただ「嫌いだ、嫌いだ」と言っていてもはじまりません。

好きな自分を手に入れる方法

ある女性のクライアントを思い出します。

彼女は、自分が嫌いだと言う。自分を変えたいと言う。でも、もう何年もずっと同じ自分のままなのです。嫌いな自分のままなのです。

「自分のどこが嫌いなの?」と聞けば、「全部嫌い。髪型から何から全部に嫌悪を感じるんです」と言う。でも、そう言いながら、もう何年も彼女はずっと同じ髪型なのです。嫌いなら変えればいいのに……。もちろん、髪型だけではありません。すべてが、「嫌いな自分」のままなのです。

「嫌いだ嫌いだと言いながら、よくもまあ何年もその嫌いな自分のままでいられるねえ」とボクが嫌味を言ったら、ようやく彼女は理解してくれたのです。

翌週のセラピーに来た彼女は、ストレートだった髪をソバージュにし、派手な茶髪に脱色してきました。もう三〇歳を過ぎているのに、化粧にはラメを入れ、さらに、はじめてスカートを穿《は》いてきました。スリットの大きく入ったセクシーなやつです。

「はっきり言って、似合《にあ》ってないよねえ」とボクは笑いました。

「そうなんですよね」と彼女も笑いころげました。「私だってこんな無茶ができるんだと思ったら、何だか楽しくなって、つい調子に乗っちゃいました」

「その気になれば、どんな自分にだってなれる、っていうことだね」

「そうなんです。**何でずっと『嫌いな自分』をやってたのかなって。**誰に頼まれたわけでもないのに」

さて、ボクがキミに言いたいのは、何も服装を派手にしろということではありません。ただ、「自分が嫌いだと言いながら、嫌いな自分にとどまっていませんか？」ということを問いたいのです。

自分を好きになれないなら、好きな自分になればいい。

ところが、好きになれる自分を見つけるのもたいへんなことです。一朝一夕《いっちょういっせき》に、これだというものに出会えるものでもない。

そこで、かなり大胆にいろんな実験をしてみて欲しいのです。ファッションを変えるのもひとつ。今までトライしたことのなかった趣味をはじめてみるとか、今まで声をかけたことのなかった受付の女の子を食事に誘《さそ》ってみるとか。高所恐怖症ならバンジージャンプにチャレンジするのもいい。

要するに、今まで「これは絶対にやらないだろう」「自分らしくないだろう」そう思っていたことを敢《あ》えてやってみる。「これはやらない」「これはあり得ない」などと、決めつけてしまうのではなくて、とりあえずはトライしてみる。

そういうことを続けていくうちに、先ほどの例のクライアントのように、「その気になれば、何だってできるじゃん」という気持ちになっていく。「何も嫌いな自分のままでいる必要なんてなかったんだ」「次はどんなことをやってみようかな？」などと考えると、ワクワクしてくるはずです。

これが、「好きな自分」になるための処方箋です。

もちろん、あくまでも健全な活動の範囲内で考えてください。「ワタシが絶対にやりそうもないこと――殺人かな。じゃあ、人を殺しにいこう！」なんていうのではもちろんダメです。

WORK ワーク⑩ キミがやりそうもないことをリストアップしよう

キミがいかにもやりそうもないこととか、自分には似合わないだろうなと思うことを、七つ挙げてください。多少の無茶は望むところですけれど、あくまでも常識の範囲内で。

たとえば、「髪を派手な色に染《そ》める」「眼鏡をコンタクトにする」「はじめてひとり旅をする」「オールでカラオケをする」「昔の友だちに電話をする」「ひとりでバーに行く」「スカイダイビングにチャレンジする」「自分から元気よく挨拶する」「出会った人の服装を必ずホメる」など。

□　□　□　□　□　□　□

処方箋

WORK——

ワーク⑪ いくつかを実行してみよう

ワーク⑩で挙げたうちのいくつかを実行してみてください。

それが最終的に「なりたい自分」にピッタリくるかどうかはどうでもいいのです。今まで固定観念に囚《とら》われていた「自分の殻《から》」を破《やぶ》って、「その気になれば何でもできるんだ！」という気づきに至るためのワークです。

「好きな自分」を探すための試行錯誤と考えてください。

他人の期待に応《こた》えるな！

たとえば、次のようなことを想像してみてください。

キミは、自分の言いたいことも言えない大人しいタイプだったとします。服装も地味で、クラスでもずっと目立たない存在です。当然、クラスメイトも先生も、「大人しい、地味なキミ」を期待する。キミがちょっとでも性格を変えようとすれば、みんなが奇異な目で訝《いぶか》しく見る。「どうかしちゃったの？」とキミを「正気」に戻そうとしてくるでしょう。

だから、なかなか新しい自分になれない。

ある日、キミは遠くの学校に転校することになりました。新しい学校でこれから出会う人たちは、キミのことをまったく知りません。さあ、自分を切り替えるチャンスです。

キミは、髪型を変え、服装も少し遊んでいるふうにします。厚ぼったい眼鏡をコンタクトに替えて、こっそりまつげパーマまでしてしまいます。大きな声ではきはきと、自分の意見をしゃべるようにします。ときおり冗談を飛ばしたりもします。

新しいクラスメイトは、キミをそんなもんだと思うだろうし、そういうキミのままを受け入れてくれるはずです。いつの間にか、そんな陽気な自分が「当たり前」の自分になる。

どうですか？　そんな状況を想像できますか？

「もちろん、環境がガラッと変わって、誰もワタシのことを知らないなら、そういうふうに大胆に自分を変えることもできるだろうけれど……」

もしキミがそう言うなら、それは聞き捨てなりません。これは由々《ゆゆ》しきことです。

「キミという存在は、キミ自身が作っているのではなく、キミの周囲の人が作っているのだ」ということを認めたことになるからです！

要するに、周囲の人たちによって、キミは「嫌いな自分」を演じさせられていることになるからです！

そんなことでいいはずがありません！

キミは、周りの人たちの期待通りの人間を演じるためだけに生まれてきたのですか？

みんなが「キミは暗い人の役を演じろ」と言えば、キミは陽気になりたくても暗い自分でいなくてはならないというのですか？　冗談じゃない！　学芸会の配役ではありません。

キミがどういう人間であるかは、キミが決めるべきです。キミは、キミがなりたいような自分になるべきです。周りの人の期待通りに「ダメな自分」「大人しい自分」「地味な自分」を演じる必要などさらさらありません。

親の期待でも、友だちの期待でも、上司の期待でも、会社の期待でもない。キミは、自分自身の期待に応える人生を送るべきです。

周りの人は、もちろん今まで通りの「ダメなキミ」を期待するでしょう。しかし、その期待に応えようとしてはいけません。むしろ、その期待を裏切る自分を押し出していきましょう。「今日から、ワタシは転校して、新しいクラスにいるのだ」とか「今日から、オレは転勤して、まったくはじめての人たちに囲まれている」というつもりになって、自分を大胆に変えていきましょう。

周りの人たちが奇異の目で見ようが、それはそんなに長く続くものではありません。

イメチェンをしようとして髪を切ったのですが、ひどく短すぎる前髪になってしまっ

たとしましょう。どう見ても大失敗です。

こんな髪型で人前に出るのも嫌《いや》。でも、学校もしくは職場に行かなくてはなりません。最初の日は、「なに、それ!」「どうしちゃったの?」「前のほうがよかったのに」などと、みんなの下世話《げせわ》な興味の的《まと》になることでしょう。

しかし、翌日にはどうですか? あなたの髪型のことなんか話題にも出てきません。みんなだって、キミのことばかりを気にしているわけにはいかないからです。

だから、**自分を大胆に変えることに抵抗しているのは、周りの人たちではなく、本当は、キミ自身なのです。**他ならぬキミ自身がひとり相撲をとっているだけなのです。

ときには周りがビックリするほど大胆なことをやってみるのは、いいカンフル剤になる。最初こそ勇気もいる。ですが、大気圏をズバッと抜ければ、あとは加速がついてラクラク上昇していけるのです。

自分を愛せない人は、他の誰をも愛せない

「人を愛する」ということはどういうことでしょうか？

その人の喜びを自分の喜びとし、その人の苦しみを自分の苦しみとする。それが人を愛するということではないでしょうか？　つまり、「一体となる」ということ。

キミが自分のことを愛せないとしましょう。「自分が嫌いだ」と言っているうちはまだいい。しかし、そんなキミもやがて誰かを愛するときが来るはずです。年月をかけて、やがてキミはその人と「一体に」なっていくことでしょう。

さあ、ここでよく考えてみてください。

自分を愛せないキミが、「自分と一体となった」相手を愛することがどうしてできるでしょうか？

できるはずがありません。自分が嫌いなのに、「自分と一体となった」相手を好きになれるはずがない。

つまり、愛する人と親密になり、より結ばれれば結ばれるほど、その人のことを愛せ

なくなってくる。「愛すれば愛するほど、愛せなくなっていく」というパラドックスが生じるのです。

どうぞこのことをよく考えてみてください。

親が自分の子どもを虐待する。なぜ愛すべき存在を愛することができないのか？　本人もよくわかっていないのです。「夜泣きがうるさかったから」とか、「言うことを聞かなかったから」とか、そんなものは後からつけた理由にすぎません。本当の理由は、潜在意識的に見れば明白です。

その親は、自分のことを愛せないのです。自分を愛する努力をしてこなかったのです。自分を愛せない人が、自分とまさに一体であるところの子どもを、はたして愛することができるでしょうか？　いいえ。できるはずがありません。

だから、「自分を好きになる」ということは、ナルシストになるとか、鼻持ちならない傲慢《ごうまん》なヤツになるということとはまったく違います。

なぜなら、自分を愛するということは、「いつか自分と一体になる誰かを愛する」ということと同義だからです。

自分が嫌いだと言いながら、嫌いな自分をずっとやっている人ほど、むしろナルシストなんじゃないかとボクは思うのです。自分を超えるための努力も一向《いっこう》にせず、ただ嫌いだ嫌いだと言っているのは、むしろ傲慢な態度だと思います。

だから、キミのためだけじゃない。愛する人のために、ひいては人類すべてのために、キミはまず自分を愛することを学ぶべきなのです。いえ、学ばなくてはならないのです。

［第6章］

人間関係をスムーズにするテクニック

相手の潜在意識を味方につける

嫌われることを恐《おそ》れてはいけない

ここまではキミ自身の心と向き合ってきましたが、本章では、対人関係についてお話をしたいと思います。どうしたら人といい関係を築けるか、ということについて考えてみたいのです。

おそらく、キミは、人とのコミュニケーションが苦手なのではないでしょうか？　苦手と言わないまでも、気を使いすぎたり、「嫌われたくない」という気持ちが強かったりして、疲れてしまうことが少なくない。そうじゃないですか？

たぶん、当たっているでしょう？

人と会っていても「この人は、本当はワタシのことをどう思っているのだろうか？」「本当に楽しんでくれているだろうか？」などということがゼンゼン気にならなければ、人づきあいも楽でしょう。でも、キミはそんなに鈍感ではないでしょう？

鈍感な人は、「ダメな自分」を克服しようなんて、そもそも考えもしないし、この本を手に取ったりはしないはずだから。

人間関係が苦手だという人、気を使いすぎて疲れてしまう人には、だからひとつの特徴があります。

それは、「サービス精神が旺盛すぎる」ということです。

悪く言えば、「みんなに好かれたい」とどこかで思っている。嫌われることを極端に恐れているのです。

しかし、どんなにがんばっても、全員を喜ばせることなどできません。すべての人に好かれる生き方などできません。

「いや、すべての人に好かれる生き方だってあるはずだ」と思うでしょうか？　それは論理的にあり得ないのです。なぜかというと、「みんなに愛されるような生き方をしているヤツが嫌いだ」という天邪鬼《あまのじゃく》も、必ず存在するからです！

まあ、それは少し詭弁《きべん》に過ぎるとしても、誰からも好かれようなんて望みは、やはり最初からあきらめたほうが賢明です。

ボクの知り合いの女のコが、ある男性を好きになりました。しかし、彼には妻子がいた。それでもどうしてもあきらめられなくて、とうとう彼を離婚させ、自分の恋人にし

てしまいました。それはまあいいとしても、その後の彼女の言い分がボクはどうしても気に食わなかった。

「前の奥さんにもワタシたちのことをいつか許してもらって、友だちづきあいをしたい」などと言うのです。

冗談じゃない！　人のオトコを奪《うば》っておいて、さらに前の奥さんからも愛してもらおうだなんて、まったく虫のいい話です。略奪愛が悪いとは言わないけれど、多少の悪役くらいは甘んじて演じて欲しいものです。

だから、**「みんなから愛されたい」「全員の期待に応《こた》えたい」という思いには、どこかエゴイスティックな、どこかズルい気持ちが隠《かく》されている**ことを、キミも知らないといけません。

初対面の相手を味方にするテクニック① 自分を話す

意識は常に新しい刺激を求めますが、潜在意識は現状を維持しようとする。つまり、潜在意識は、とにかく変化に対して慎重になるということ。そういうお話を第2章でしました。

同じことは、当然、相手の潜在意識についても言えることなのです。対人関係が苦手な人ほど、「自分が嫌われたくない」と、自分のことばかりが気になってしまって、相手にだって潜在意識のメカニズムが働いているという当たり前のことを、つい忘れてしまいがちです。

相手とよりよい人間関係を築きたかったら、「相手の潜在意識」を味方につけなくてはならない。どうしたらそれができるか?

相手の潜在意識も変化を拒絶するのですから、キミは相手にとって何の脅威でもないということを納得させる必要がある。もっと噛《か》み砕《くだ》いて言えば、「キミがどういう人間か」ということを、わかりやすく伝えてあげて、**相手の潜在意識を安心させてあげればいい。**「ああ、この人はワタシの在《あ》り方を激変させるような存在ではないんだな」と安心させてあげるのです。

ところが、コミュニケーションが苦手な人ほど、控《ひか》え目で、自分のことを開示しようとしません。そして、相手にいろいろと質問をすることでコミュニケーションを円滑《えんかつ》に

しようとしてしまう。ひたすら「聞き上手」になろうとしてしまうのです。

これが大きな間違いなのです。

聞き上手になることはもちろん大切なことです。しかし、**相手の潜在意識といい関係を築きたければ、むしろ「聞かせ上手」にならないといけない。**

要するに、ひたすら聞き役に回るのではなく、「積極的にキミの話をするべき」なのです！

「ワタシは運送会社で経理の仕事をしているんです。もう五年くらいになるんですけれど、今でもうっかりミスばかりで、帳簿の数字が合わなくて毎日のように残業なんですよ。上司は頭を抱《かか》えているけれど、でも、ワタシはこの仕事が好きなんですよね」

こんなふうに、キミの「人となり」が匂《にお》ってくるような話をするのです。「経理をやっています」などという単なる事実ではなくて、キミが日ごろどんなふうに「感じているか」ということを伝えることが大切なのです。**「事実」ではなく、「感情」を伝えるのがポイントです。**

キミは経理が好きだけれども、決して計算機みたいに数字にガチガチの人じゃない。しょっちゅうポカをやってしまうような、おっちょこちょいなところもある。失敗したり、上司に怒《おこ》られたりもする。それでも仕事が好きで楽しくやっている。つまり、キミも生身の人間だということをわからせるのです。そうすると、キミが「どんな人」かがわかってくるから、相手の潜在意識は安心し、警戒を緩《ゆる》めてくる。

コミュニケーションが苦手なキミは、自分のことを積極的にしゃべるのが苦手なはずです。当たっているでしょう？　だから、自分を「開示する」ことを積極的に練習する必要があります。

欧米人が初対面で握手をするのも、「武器は持っちゃいねぇぜ」ということをさりげなく伝えて、こちらが「無害」な人間だと安心させるのがもともとの目的です。握手はその名残《なごり》です。

それと同じことで、キミが自分の話をするというのは、キミのエゴのためではありません。あくまでも相手の潜在意識を安心させてあげるため。そう考えてください。キミが自分の「感情」についてしゃべらない、開示しないということは、頑《かたく》なに握手をしようとしないのと同じです。「感情の中に、何か隠し持ってやがるな？　笑ってはいるが、じつはオレのことを嫌っているんじゃないか？」などと警戒されても当然です。

そこで、次のワークをやってみましょう。

WORK

ワーク⑫ キミという人間がわかる、雑談ネタを考えてみよう

キミの「人となり」がわかるような、カンタンな雑談ネタを考えてください。どんなことをしゃべるか、箇条書きで七項目ほど挙げてください。

たとえば、「サッカーを観に行って、負けたチームに共感して感動で泣いてしまった」「街でイケメンのスカウトマンに声をかけられてドキドキした」「いつもペットショップにいたお気に入りの猫が売れてしまって、よかったなと思う反面、寂しくなった」などという感じです。

「どう感じたか」「どう感じているか」など、キミの「感情」がわかるような話にするのがポイントです。

□ □ □ □ □ □ □

初対面の相手を味方にするテクニック②　否定しない

いつまでもキミの話ばかりしていればいいかというと、そうではない。相手の潜在意識が安心し、警戒を緩めてくると、今度は、相手も自分のことを開示してくるのです。キミの話を聞きながら、相手がふと口を開こうとする。何かをしゃべろうとする。そういうシグナルが見えたら、「で、○○さんはどうですか？」などと、速《すみ》やかに話を相手に振るのです。

ここではじめて、キミの得意な、「控え目な聞き上手」になればいいのです。相手が開示する話を聞いてあげればいい。

しかし、ただ聞くといっても、守るべきルールがふたつあります。特に初対面のうちは、このふたつのルールを必ず守ってください。

ひとつ目は、「相手の言ったことを絶対に否定しない」ということ。

ふたつ目は、「『それは、こうしたらいいですよ』などとアドバイスしない」ということ。

このふたつのルールを守るだけで、相手の潜在意識を味方につけることができます。
「そんなカンタンなことで相手の潜在意識を味方につけられるなら苦労はしない」と思うでしょうか？　ところが、これはなかなかカンタンではないのです。

試しに、電車の中のサラリーマンの会話でも、カフェの隣のテーブルのカップルの会話でも、何でもいいので他人のリアルな会話に耳を傾《かたむ》けてみてください。

「でも」「ていうか」「そうじゃなくって」などと、相手の言ったことを否定する言葉がいかに多いかに驚くことでしょう。

現代社会は過剰に批判的なメンタリティに満ちています。人の言ったことに対して自分の意見をかぶせることこそが「会話」だと勘違いしている人が多すぎるのです。

くどいようですが、相手の潜在意識は「変化」に抵抗するのです。相手の言ったことを否定するということは、相手の考え方を「変えさせようとしている」ということです。当然、相手の潜在意識は反発してきます。あるいは、心を閉じてしまいます。

それから、特に関係がまだ浅いうちは、相手が「～で困っているんだけど、こんなときはどうしたらいいかな？」とアドバイスを求めてきても、「ああ、それならこうすればいいんですよ」などと得意になって答えてはいけません。「こうすればいい」という

アドバイスそのものが、相手の行動を「変えようとしている」ことに他ならないからです。

そういうときは、たとえば、「ん～、ワタシにはよくわからないけれど、たいへんそうですね。でも、アナタならきっとベストな方向に持っていくと思いますよ。何か、自信に満ちている感じだから。きっと大丈夫ですよ」と言ってあげるのがいい。持ち上げて、励《はげ》ましてあげればいい。

「でも、それじゃあちょっと無責任な感じがする」とキミは思うでしょうか？

よく考えてみてください。そもそも関係がまだ浅いキミに対して、本当に重要な相談など持ちかけてくるはずがないのです。

アドバイスを求めてくるというのは、言ってみれば、相手の潜在意識からの「ひっかけ問題」です。得意になってベラベラしゃべってしまうと、「こいつは自分のほうが偉いと思っているんだな。きっとあれこれと指示を出してオレを変えようとしてくるに違いない」というふうに判断されかねないのです。

ちょっと穿《うが》った見方のように思えるかもしれませんが、これはあくまでもまだ関係が浅い相手の場合です。親しくなれば、アドバイスをしてあげるのも、もちろんかまいません。

　ここでわかっていただきたいことは、キミの潜在意識が変化を嫌うのと同じように、相手の潜在意識も「変えられる」ことに反発するということなのです。

親しい人との関係がこじれたときの処方箋

　ここまでは初対面の相手や、まだ関係の浅い相手とのコミュニケーションについてお話ししてきました。では、ある程度親しい相手の場合はどうなのでしょうか？　恋人とか、友だちとか、職場の同僚の場合にも、やはり難しい問題はたくさんあります。

　関係がこじれるすべてのケースは、大きくふたつのカテゴリーに分けられるとボクは思っています。


ひとつ目は、「利害」が一致しない場合。

ふたつ目は、「価値観」が一致しない場合。


「利害」が一致しない場合というのは、たとえば、相手が「一万円分のサービスをしたのだから一万円払え」と言っているのに対して、キミは「五〇〇〇円が妥当だから、それしか払いたくない」と思っているような場合です。

これは潜在意識の問題ではありません。

お互いが妥協点を見出して折り合うのがベストだけれども、そもそも利害が一致していないのだから、どんなにふたりで話し合っても決着がつかないことが多い。そういう場合は、第三者を間に立てて関係を改善するのがいい。

物質的な「利害」が一致していない場合は、話そのものは難しくない。どこかで線を引くことはできる。

問題は、「価値観」が一致しない場合です。

そんなときにも、恋愛、友だち関係、親子関係、すべての人間関係をスムーズにする秘密を教えましょう。

それは、相手に「共感」しようとしてはいけない、ということです。まして、相手から「共感」を求めてもいけません。

どういうことでしょうか？

ボクたちは、親密な人間関係とは、共感し合うことだと考えがちです。しかし、共感し合える価値観を持っている者同士であれば、もともとこじれることもない。何もしなくても共感し合えます。

価値観がズレているのに、共感しようとするときに問題は起こるのです。**価値観がズレている場合には、どんなにがんばっても共感などできないのです。**できないことをしようとするから、こじれるのです。

もう少しわかりやすく説明しましょう。

たとえば、ここにカップルがいるとします。男性のほうは、「相手をひとりの人間として尊重することが、愛するということだ。あれこれ詮索《せんさく》しないのがいい」という価値観を持っていたとする。女性のほうは、「心の底までお互いを知ることが、相手を愛するということだ。何もかも話すべきだ」という価値観を持っていたとする。

お互いの価値観は、もちろん、まったく相反するものです。

男性のほうが「オレを愛しているなら、なぜそんなに詮索するんだ？」と怒る。女性のほうは、「愛しているから知りたいんじゃない！」と逆ギレする。

あるいは、女性のほうが「何も話してくれないなんて、気持ちが冷めたの？」となじ

る。男性のほうは、「余計な心配をかけたくないというオレの思いやりがなぜわからない？」と家を飛び出す。

どこまでもスレ違うのです。

実際の人間関係は、価値観の相違がこのようにわかりやすいものではないでしょう。しかし、本質的には同じようなことが起こるのです。本来、共感し合えないものに共感しようとするから、うまくいかない。

それでは、価値観のズレたふたりは決してうまくやっていくことができないのでしょうか？

そうではありません。ボクたちは、**「共感」できなくとも、「理解」することはできる**からです。

自分と価値観の違う相手を「理解する」こと。これは人間にだけ与えられた「力」です。動物にはできません。猫はネズミの立場を理解することなど永遠にない。ただ、自分がネズミを食べたいから食べるのです。ネズミも猫の致し方ない本能を理解することなどない。ただ、食べられたくないから逃げるのです。

キミは動物ではなくて人間だから、相手の価値観にまったく共感できなくても、相手の価値観を「理解」してあげるべきです。自分の価値観を押しつけるのではなく、相手の価値観のままに理解してあげる。

「オレにはまったく共感できないけれど、アイツがそういう考え方をするのだということは『理解』できる。オレだったら愛していたら絶対にそんなことはしないけれども、アイツの価値観からすれば、これが精一杯の愛の表現なんだ」

「ワタシはまったく共感できないけれども、カレがそういう考え方をするのだということは『理解』できる。ワタシだったら愛していたら絶対にそんなことはしないけれども、カレの価値観からすれば、これが精一杯の愛の表現なのね」

　そう考えればいいのです。

　もちろん、共感し得る限りは共感するのがいい。しかし、共感できる人に共感することなど、何も難しくない。誰にでもできることなのです。

　共感できない相手を理解してあげてこそ、人間としての成長があるのです。

WORK

ワーク⑬

苦手な誰かの考え方を「理解」してみよう

苦手な人、というのは誰にでもいるものです。キミにとって苦手だと思う人を、ひとり思い浮かべてください。

そして、その人とキミとの、「価値感の違い」を七つ挙げてみてください。

たとえば、「私は仕事にやりがいを求めている。あの人にとっての仕事はお金を稼《かせ》ぐためのものだ」とか「私はひとりで過ごす時間で心が癒《いや》される。あの人はみんなでワイワイやることで癒されるようだ」というような感じです。

□□□□□□□

このワークによって、「苦手だ！」と思っていた相手を、冷静に、客観的に見ることができるようになるはずです。それによって、苦手なその人を「理解」できるきっかけになるかもしれません。

［第7章］

キミはデカいか？

恐怖心を克服せよ！

最後の課題

いよいよ最後の章を迎《むか》えました。

これまでやってきたことをカンタンに振り返ってみましょう。

まず、どんなに今の自分に愛想が尽《つ》きていても、そのダメな自分からスタートすること。「できないこと」に気持ちを揉《も》むのではなく、小さくてもいいから「今、できること」をやってみる。できるはずなのに今までやらなかったことが、結構たくさんあることに気づいたと思います。また、「できること」をやればいいのだから、決して難しいことはありません。それによって、潜在意識に動きを与えていく。目標に向けて加速度をつけていくことができる。そういうお話を第1章でしました。

第2章で、ボクは改めてキミに、「本当にダメな自分を克服したいのか？」と問いかけました。そして、「ポケットを作る」必要があるというお話をしました。どんな「いいこと」も、受け取るポケットがなければ通りすぎていってしまうからです。どんなものも、受け取る準備のできている人にしか、訪れない。

しかし、潜在意識に、向かう方向を教えてあげなければなりません。そうでないと、潜在意識も、何を買うか教えられないままに買い物に出された子どものようになってしまいます。そこで、第3章では、潜在意識に「自分はこうなりたいのだ」ということを伝えるための「暗示」の与え方について学びました。キミの日々の行動こそが、もっとも強力な暗示になるのでしたね。

第4章ではちょっと休憩をして、ダメな自分を克服するためのちょっとしたテクニックをご紹介しました。日常で出会うちょっとした出来事に対する、バンドエイドのようなものです。どれもカンタンなものですが、やってみると、ずいぶん心の持ちようが違ってくるのがわかるはずです。

そして、第5章では、自分を愛することの大切さについてお話ししました。「自分を好きになる」のが難しければ、「好きな自分になる」努力をする。今の自分の殻《から》を破《やぶ》るために、何か大胆なことをやってみようと提案しました。

第6章では、対人関係というものは、どのように考えたらプラスになるかということについてご説明しました。もちろん、対人関係においても、キミが自分自身を統御《とうぎょ》するということが大前提になることは言うまでもありません。

すべてを通して大切なことは、キミの意識と潜在意識がどうやってベストな形で協調していけるかということ。そのためのお話をしてきました。

これまでやってきたことは、いわば、教習所で車の運転を習ってきたようなものです。キミは運転の技術を学びました。交通ルールもしっかり学びました。路上教習もこなしました。

しかし、最後にひとつ、目を逸《そ》らすことのできない現実が待っています。

恐怖心をどうやって克服するかです。

運転免許を取ったキミは、いよいよ普通のドライバーの仲間入りです。もはや、練習生の身ではありません。キミの横には教官はいません。何かあっても、代《か》わりにブレーキを踏《ふ》んでくれたり、指示を与えてくれる人はいない。

他のドライバーたちも、決してキミに容赦《ようしゃ》はしません。もたもたしていればあちこちからクラクションで責《せ》め立てられる。責められるくらいならまだいい。教習所で事故にあうことなどめったにないでしょうけれど、リアルなストリートでは、ちょっと気を抜けば現実に生死に関わる事故だって起こり得るのです。

「やっぱり運転は怖《こわ》いなあ」と、運転をあきらめることもできるでしょう。ペーパードライバーでも、免許証を持っていれば、少なくとも身分証明書として使うことができる。

しかし、心の問題はそうはいきません。

キミ自身がリアルなストリートに出て、現実にひとりで運転をしなければ、これまでこの本で学んできたことは何の役にも立ちません。潜在意識に関して、ただ知っているだけでは何の役にも立たないのです。

人と接する。新しい仕事にチャレンジする。好きな人に告白する――

さあ、キミは、恐怖に打ち克《か》たなくてはなりません。決して逃げることはできません。

これが、キミに最後に残された課題です。

リアルな人生の中で、怖がらずに、力強く生きていくために、もっとも大切なことは、この恐怖心に打ち克つことです。

キミをリアルなストリートに送り出す前に、どうしても聞いてもらいたい話があるのです。

心はどこにある？

「心って、どこにありますか？」

そう質問すると、たいていの人は、胸のあたりに拳《こぶし》くらいの大きさの形を示しながら、「このあたりでしょうか？」と言います。心がときめいたときにドキドキする心臓をイメージしているのでしょう。理屈っぽい人であれば、「いや、心は脳の中にある」と言うかもしれません。あるいは、「身体すべてが心なのだ」などとちょっと気の利《き》いたことを言う人もいるでしょう。

しかし、いずれの場合も、心は身体より小さい。どんなに思いきった人でも、せいぜい身体と同じ大きさだと胸を張る程度です。要するに、身体の中に心があると思っている人がほとんどなのです。

しかし、それは間違いです。

身体の中に心があるのではない。**心の中に身体があるのです。**

心は身体よりもずっと大きい。心は皮膚を超えて、キミの身体を包み込むように拡がっている。

意外ですか？

心は拳くらいの大きさしかないと思い込んでしまっているから、ストレスを感じたり、ちょっとした人間関係のトラブルに圧倒されてしまう。つぶされてしまう。

心が拳くらいにちっぽけだったら、どうして自分以外の誰かを愛したり、どこかの国の飢餓《きが》の現実に心を痛めるなんてことができるのでしょうか？　誰かを愛したり、思いやったりできるのは、キミの心がキミという個人よりもずっと大きいからです。

ところが、そのことを知らないばかりに、本来は大きな心を小さく使ってしまっている人がほとんどです。


クライアントが言った言葉で、ボクがずっと忘れられないひと言があります。

その人は、恋人との関係がうまくいかず、とてもイライラしていました。恋人のすることなすことが許せずに、しまいには体調を崩してしまうほどにストレスを溜《た》め込んでしまいました。

セラピーを重ねるうちに、徐々に彼に対して寛容《かんよう》になれる自分ができてきました。恋人ともいい関係を築けるようになりました。そして、セラピーの最後の日に、彼女はボクにこんな話をしてくれたのです。

「今日、会社で窓の外をふっと見たら、桜がすごくキレイに咲いていたんです。もう何週間も前からずっと咲いていたはずなのに、今日までまったく気がつかなかったんですね。ずっと心が縮こまっていたから、窓のすぐ外の桜にさえ気づけなかったんだなあって、そう思いました」

筋肉だって、使っていなければ縮こまってしまう。それと同じで、心も、ずっと縮こまったままで生活してくると、どうしても大きく拡げることができなくなってしまいます。

ちょっとしたことで腹《はら》を立てたり、他人の欠点が許せなくなったりする。仕事にしても新しいチャレンジを前にすると、チャンスだとわかっていながらも怖くなって逃げ出してしまう。どちらも、心が縮こまってしまっていて、本来の大きさを取り戻せていないだけなのです。

キミも、まずは身の回りの「ほんの小さな嬉しいこと」から、心を拡げてみてはどうでしょうか？　駅の売店のおばさんの笑顔がステキだったとか、ブロック塀の上で昼寝する猫が可愛かったとか、見上げたら雲の形が面白かったとか。

少しずつ心を拡げながらストレッチを続けることで、本来の心の大きさを取り戻していけるようになるのです。

キミのほうがずっとデカいじゃないか？

友人から聞いた話です。

彼女は当時、海外で仕事をしていたのですが、ちょうどその国では、蚊《か》による疫病伝染の可能性がテレビなどで取り沙汰《ざた》されていた。そういうことを聞いていたから、彼女は、蚊が飛んでくると大騒ぎで逃げ回っていたのです。

ある日、職場にいた男性がそんな彼女を見て、“You are bigger than the mosquito!”（「キミのほうが蚊よりもデカいじゃないか？」）と笑ったそうです。

疫病の問題にデカいとか小さいとかという幼稚な話を持ち出したのが可笑《おか》しいのだけれど、それでも、こんなにちっぽけな蚊に怯《おび》えてデカい大人が逃げ回っているなんて、やっぱり考えてみれば滑稽《こっけい》です。彼女も一緒に笑い出してしまいました。

その冗談で、彼女の気持ちはスッと楽になったそうです。蚊を過剰に怖がる気持ちが一気に和《やわ》らいだという。

そう。彼女は、蚊よりもデカい自分の心の本来の大きさを取り戻したのです。

何かを笑えるとき、キミの心はその何かよりも必ず大きい。だから、気の小さな人、心の狭《せま》い人は、心から笑うことができません。ちょっとした冗談にも腹を立てたり、傷ついたりしてしまいます。

心が広いとか狭いとかという表現がありますが、これは文字通りの意味です。心が広い人というのは、心の本来の大きさを知っている人。心の狭い人は、せっかくの大きな心の隅《すみ》っこに縮こまっている人。

怖いと感じる、不安に思う、何かにカッとなってしまう。その理由はたったひとつ。

キミの心が、キミの置かれた状況よりも小さくなってしまっているから。それだけです。

自分が置かれた状況よりも自分の心が小さくなってしまっていては、後はどんな策を講じても無駄です。

ちょっと軽い話をさせてください。ボク自身の体験です。

じつは、ボクはいわゆる「高所恐怖症」でした。

普段の生活の中では、高いところが苦手でもそんなに不都合はありません。唯一、困るのは、女の子が遊園地でデートしようと誘《さそ》ってきたときです。特に誘ってくれたのが可愛い子だと、じつに葛藤《かっとう》します。

女の子というのは、どういうものかジェットコースターが大好きな生き物です。地面に近いところのアトラクションばかりというわけにはいきません。遅かれ早かれ「あれに乗ろうよ！」とジェットコースターに誘われるに決まっています。

だから、遊園地でのデートをずっと避けていたのですが、ついに運命の日は訪れ、あの「よみうりランド」でデートをすることになってしまったのです。「よみうりランド」と言えば、例のものすごいジェットコースターが目玉アトラクションなのですから……。

予想していたよりも展開はずっと早く、入園するなり、彼女は真っ先にジェットコースターへと突進していったのです。

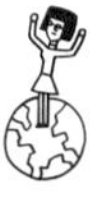

「いや、あの、ボクは高いの苦手なんで、キミだけ乗ってくればいいよ。ここで待ってるから。ちゃんと待ってるから」と祈るように説得を試みたのですが、そのときの彼女の言葉はボクを完全に追い込みました。

「え？　ジェットコースター、怖いの？　石井さんって、セラピーとかやっている人じゃなかったっけ？」

ああ――

人に会うのが怖いとか、仕事にチャレンジするのが怖いとか、好きな人に告白するのが怖いとか、結婚するのが怖いとか、一歩を踏み出せないクライアントに、ボクは何と言ってきたか。「怖さを感じるのは、怖がっている対象よりも、キミの心が小さくなっているからなんだ」と、偉そうに説教を垂《た》れてきたのではなかったか。

たかがジェットコースターにおおげさな話で恐縮ですが、ボクとしては必死です。

ふと我《われ》に返ると、すでにカタカタカタカタカタとからかうような音を立ててレールを昇っていくジェットコースターの中でした。もう逃げ道などありません。

頂点で、カタカタがピタッと止まりました。あの不気味な一瞬の静寂です。

その瞬間、ボクは自分自身につぶやきました。

「ええい、ジェットコースターなど小さいもんだ。ボクの心はこの『よみうりランド』の広大な敷地いっぱいに拡がっているのだ！」

ボクは自分を解放し、「よみうりランド」を包み込むほどに一気に心を拡げました。

落ちていくジェットコースターの中で、驚いたことに、ボクはこれまでに味わったことのないほどのエクスタシーを感じたのです。ジェットコースターがこんなに気持ちのいいものだとは、今まで考えたこともありませんでした。

それからというもの、ボクは、そのジェットコースター好きの彼女と関東中のジェットコースターというジェットコースターをすべて制覇するほどのジェットコースター好きになってしまったのでした。

一〇〇人の前でも緊張しないで話せるようになるテクニック

このジェットコースターの話を以前に勉強会でしたのですが、それを聞いていた女性が、後日、こんな報告をしてくれました。

「スノーボードのジャンプが怖くてできなかったんですけれど、例のジェットコースターの話を聞いてから、心を拡げてジャンプしてみたんです。今まで九〇度くらいに感じていたスロープが、一〇度くらいにしか感じられず、ゼンゼン怖がらずにジャンプできたんです」

人前で話すのが苦手、という方にもこの考え方は効果テキメンです。

たとえば、一〇〇人の前でプレゼンテーションなりスピーチなりをするとします。キミがまずすべきことは、自分の心を会場いっぱいに拡げること。

ちょっとしたコツがあるのです。まず天井をグッと見上げる。そして、会場の一番遠くにあるものに着目する。「ああ、あそこにポスターが張ってあるなあ」とか「ずっと奥のほうの壁にシミがあるなあ」とか。

そうやって意識をできるだけ遠くのものに向けることで、心のストレッチができます。心をストレッチして拡げる習慣をつければ、たくさんの人の前での緊張感がカンタンに和らぎます。

ぜひ、試してみてください。

何かが怖いとき、それは自分の心がその対象よりも小さくなっている。心を拡げることでしか、その恐怖心は克服できないのです。

人生の悩みにつぶされないために

たとえば、コップの水に一滴の赤インクを垂らせば、すぐに水は真っ赤に染《そ》まってしまいます。でも、大海に一滴のインクをこぼしたところで、海は赤くなりはしません。いつもの蒼《あお》い海のままです。

人生に起こるあらゆる悩みも一滴のインクのごとしです。

ある困難に遭遇する。キミは真っ赤に染まってしまうのか。それとも平然といつもの蒼のままでいられるのか。それは、キミがその困難よりデカいか小さいかにかかっているのです。

困難に立ち向かう——という言い方をよくします。しかし、立ち向かおうと思った時点で、「自分の心は今の状況よりも小さくて、対処しきれないかもしれない」という可能性を認めたことになる。キミにそのつもりがなくても、潜在意識はそういう暗示として受け止めてしまいます。

立ち向かうのではなく、包み込む。呑《の》み込むのです。それが困難に対処するもっとも正しい姿勢です。

悩みをどうこうしようとするよりも、まずはその悩みを受け取る心を大きく拡げること。そうすれば、相対的に悩みは小さくなり、気にならないくらいになり、やがて消えてしまいます。

悩みは気になるから悩みなのであって、気にならなかったら、ないも同然です。


そのユニークな演出で一世を風靡《ふうび》したアダルトビデオ界の村西《むらにし》とおる監督が、バブル崩壊後に莫大な借金を抱《かか》えました。何億だったか何十億だったか、負債がいくらだったかは思い出せないのですが、そのときにテレビのインタビューに応《こた》えた村西監督の言葉をボクは今でも印象深く覚えています。

「バブルが弾《はじ》けて、世間さまでは何百億も借金を背負い込んだ方がたくさんおられるのに、わたくしはこの程度のケチな借金で本当にお恥ずかしい限りです」

抱えてしまった借金よりも、自分がデカくなる。人生のチャレンジを迎えたとき、心がつぶされないためには、自分の心がそのチャレンジよりも大きくなるより他に方法はないのです。

ボクの知り合いに、ごくごく普通の人生を生きていた男がいます。残業が多いと愚痴《ぐち》をこぼし、仕事帰りには居酒屋で上司の悪口を言っていたような男です。

ある日、彼の子どもが、不幸な事故に巻き込まれて寝たきりになってしまいました。

彼は、ひどく落ち込みました。精神的な苦痛ばかりではない。経済的にも先が見えない状況に追い込まれました。運命を恨《うら》みもしました。八《や》つ当たりもしました。「なぜうちの子だけが」と神様を憎《にく》みながら一生を過ごしたとしても、誰が彼を責めることができるでしょう?

しかし、とうとう彼は立ち上がり、拳《こぶし》を振り上げてこう言いました。

「いいだろう。オレが力強く生きてこの子を支える。家族を支える。人の何倍も働いて稼《かせ》ごう。そして、『たとえ寝たきりでも最高に楽しい人生だ』とこの子に言わせてやろう!」

彼の心は、このとき、自分の置かれた困難をまるごと呑み込むほどにデカくなったのです。本来の心の大きさを取り戻したのです。

彼は、もはや仕事の愚痴も他人の陰口も口にしなくなりました。エネルギッシュに人生を謳歌《おうか》する様《さま》は、以前と同じ人間とはとても思えないほどです。

その結果、寝たきりの子どもが奇蹟的に回復した、などとは言いません。そうであったらどんなにいいかとボクも思います。

でも、今、彼の家族はとても明るく、どんな家庭よりも幸せに生きています。どんなに満たされた家庭にも、どこか頼りなさがあります。もし何か不幸が降りかかったら、それですべてつぶれてしまうような、不確かさがあります。しかし、彼の家庭の幸せは何があっても決して揺《ゆ》るがない幸せです。

彼の幸せは、与えられた幸せではなく、拳を振り上げて自らが獲得した幸せだからです。

キミは何を生み出すか？

美形に産んでもらったとしたら、モテるのは当たり前です。しかしどんなにモテても、それは自分で獲得したものではありません。威張《いば》れることじゃないし、その魅力をいつ奪《うば》われても文句は言えない。

でも、ブサイクに——いや失礼——十人並《なみ》の顔に産んでもらったキミが努力して恋人を作ったのなら、そのキミの魅力はキミ自身が獲得したものです。それは、たとえ歳をとってしわくちゃになっても、決して失われない確かな魅力です。

人生においては、自分の力で獲得したものだけが本物なのです。

銀行からお金を借りて、それを元手に事業を起こして利益を上げたら、キミが獲得したのは利益の部分です。借りたお金を自分のものだと言うことは許されません。一〇〇〇万円借りて三〇〇万円の利益を出した人よりも、五〇万円しか借りられなくても一〇〇万円の利益を出した人のほうが、起業家としての力は上です。

当然のことです。当たり前のことです。でも、こと人生に関してはそんな当たり前の見方ができないでいる人が多いのではないでしょうか？　つい「何を持っているか」で自分や他人を評価してしまっているのではないでしょうか？

「何を持っているか」でその人の力を評価することはできません。「何を生み出したか」が、その人の真価です。


ボクはこんなイメージを持っています。

この世に生まれるとき、ボクたちは神様からいろいろなものを借り受けます。人生を終えたとき、神様はこう言うでしょう。「私が与えたものを返しなさい。残ったものが、天国でのお前の本当の姿だ」

ある人は、愛情に満ちた、裕福な家庭を与えられます。しかし、その人生の中で憎しみや恨みしか生み出すことができなかった。一方、ある人は、ひどい家庭を与えられます。貧しさや、病弱な身体を与えられるかもしれない。何ひとつ才能らしいものも与えられていない。しかし、その人生の中で、自分の中に力を育て、感謝し、愛し、人を幸せにしてきた。

どちらの人に、キミはなりたいでしょうか？　借り物でも享楽《きょうらく》の限りを尽くせばそれでいいと思うでしょうか？　いいえ。そうだとしたら、キミはこんな本を読んでいるはずがありません。キミは、一時の慰《なぐさ》めではなく、本物の価値を求めているはずです。

繰《く》り返します。**人生においては自分で獲得したものだけが確かなものです。**

「自分で獲得したものだって、失われることがあるはずだ」と思う人もいるでしょう。

与えられたものであれば、それを取り上げられたら、もう自分ではどうしようもありません。もう一度与えられますようにと祈るくらいのことしかできません。しかし、自分で獲得したのであれば、仮に失われることがあったとしても、もう一度、自分の力で取り戻すことができるはずです。**「生み出したもの」は失われても、「生み出した経験」「生み出した力」は決して失われることはない**からです。

だから、ダメな自分を克服することが大切なのではない。**ダメな自分から何を生み出すかが問題なのです。**

このことがわかったとき、ボクたちは決してダメな自分を言い訳にはできません。家庭のせいにはできません。容姿のせいにもできません。運命のせいにすらできません。

言い訳という逃げ道をすべて断《た》ったときにはじめて、キミの心の底から力が湧《わ》いてくる。

それこそが、本物のキミなのです。

WORK——

ワーク⑭ 恐怖心を克服するためのイメージワーク

いよいよ最後のワークです。

イメージワークをやってみましょう。とはいえ、ボクの提唱するイメージワークは、決して「さあ、キレイなお花畑をイメージしましょう」というようなお上品なものではありません。もしこのページから読みはじめた人がいたら、きっと「何だこれは？　まったくくだらない」と鼻で嗤《わら》ってスグに本を閉じてしまうはずです。

でも、最後の章までボクの話につきあってくれたキミならば、きっとこのワークの意味を理解し、真剣に取り組んでくれることでしょう。

さあ、はじめましょう。

◆

ダメな自分を克服するために、何かハードルとなっていることがあるはずです。たとえば、「他の人とは何とかやっていけるのだけれど、あの上司とだけはどうしても反《そ》りが合わない」とか「気持ちは前向きになったのだけれど、昔の辛かった体験が思い出されて、最後の一歩を踏《ふ》み出せない」とか。

目の前に、その上司なり、辛かった体験、キミがダメな自分を超えるために、どうしてもどうしても跳《と》び越えなくてはならない「何か」、それを「ハードル」と呼ぶことにしましょう。キミにとっての「ハードル」は、何でしょうか？

今、目の前にそのハードルをイメージしてください。できるだけリアルにイメージしてください。目を閉じたほうがやりやすければ、もちろんそれでもかまいません。

目の前にそのハードルとなっている「何か」をイメージできたら、少しずつ空気を胸いっぱいに吸い込みます。吸い込みながら、次のようなイメージをします。

息を吸い込むとともに、キミの身体はどんどん大きく、大きくなっていく。デビルマンの変身のようにキミの衣服はバリバリ破《やぶ》れてしまいます。キミの身体はグングン大きくなっていきます。キミの大胸筋《だいきようきん》はボブ・サップ並に盛り上がり、口には凶暴《きようぼう》な牙《きば》が生えてきます。

目の前にいた上司とか、過去の辛い体験などのハードルを見下ろすくらいにグングン大きくなっていきます。上司も、辛い体験も、すべて小さくなっていきます。

息を止めます。止めます。まだ、止めて――

キミは、拳《こぶし》を固《かた》く固く握り締めます。キミは怒《いか》りに満ちています。

これっぽっちのハードルの前で萎縮《いしゅく》していた、小さな小さな自分にたまらない怒りを感じます。うまくいかない人生を、他人のせい、社会のせい、生《お》い立ちのせいにしてきたケチな自分に、激しい怒りを感じます。「冗談じゃねぇ！　オレの正体はこんなちっぽけなもんじゃねぇ」という強い思いが、全身の血管を駆《か》け巡《めぐ》ります。キミが上品な女性だとしてもかまいません。怒りを感じてください！　「もうたくさんだ！」と。

まだ息を吐いてはいけません。止めて。止めて――

そして、こらえられなくなったら、一気に力強く息を吐き出しながら、凶悪な猛獣にでもなったように、「ガオ～」とか「ウォ～」「オリャ～」などと声を出します。

怒濤《どとう》のようなキミの雄叫《おたけ》びに、目の前の小さなハードルが吹き飛んでいく様子を見てください。「ヒャ～」と甲高い声を上げて、ハードルは吹き飛んでいきます。もし、地面にしがみついて吹き飛ばないような往生際《おうじょうぎわ》の悪いハードルがあったら、キミの巨大な足で踏みつぶしてしまいましょう。「ブヒッ」と音をたててカンタンにつぶれてしまうでしょう。

その様子を見て、キミは最高にいい気分に浸《ひた》っています。

拳を振り上げ、「オレは確かに正しい道を目指している！　少しでも立派な人間になろうと努力している！　何がその邪魔をできるというのか？　それは自分の弱さだけだ！　小ささだけだ！　しかし、今、オレは自分の弱さを、小ささを克服したのだ！　ガオ〜」と叫びます。

◆

もちろん、この通りでなくてもかまいません。キミのやりやすいようにイメージしてください。セリフも自由に変えてください。ただし、くれぐれも誰も見ていない場所でやること。そうでないと、周りの人はキミが「どうかしてしまったか」と心配するでしょう。

でも、本当は、「どうかしていた」のは今までのキミのほう。このワークを通じて高揚しているキミこそが本物なのです。とはいえ、周りの人を不安にさせるのは、やっぱりよくないことですから、自分の部屋でこっそりやってください。

それと、前にこのワークを教えたら、息を止めすぎて倒れてしまった人がいました。冗談ではなく、本当の話です。真面目《まじめ》なのはいいですが、限度というものがあります。だから、蛇足《だそく》ではありますが、くれぐれも息を止めすぎて倒れてしまうようなことのないようにご注意申し上げておきます。

「こんなバカバカしいことを、本気でやるヤツなどいない」と思う人もいるかもしれない。確かにそうかもしれません。ですが、少なくともボクはやっています。ずっとやっています。

そして、いくつもの自分を乗り越えてきました。

だからこそ、こうして、キミという大切な読者と出会うことができたのです。

おわりに

ボクは、催眠療法をベースにしたセラピーを仕事として何年もやってきました。たくさんの人たちの様々な問題に一緒に取り組んできた経験を経《へ》て、ボクは、あるひとつのことを確信しています。

人は、その考え方の通りの人生を生きることになる――

ものすごくカンタンに言ってしまうと、「ハッピーに生きている人と、アンハッピーな人生を送っている人では、その『考え方』に明確な違いがある」ということです。

そんなことは、言い古された、当たり前のことです。しかし、それを理屈で知っているのと、自らの経験を通じて確信するに至るのでは、やはり違うことだと思うのです。

お道徳ではなく、厳粛《げんしゅく》なる事実として、ハッピーな人は考え方がハッピーだし、アンハッピーな人は考え方がどうしてもアンハッピーなのです。

現状では病気や悩みを抱《かか》えてアンハッピーでも、話を聞いていると「ハッピーな人の考え方」をしているクライアントと出会うことがあります。そうすると、その人は放っておいてもやがて確実にハッピーになっていく。

一方では、ものすごく恵まれた人なのだけれども、話を聞いているとどうも「アンハッピーな人の考え方」をしている。そうすると、その人はやがて恵まれていたものからも見放されて、本当にアンハッピーな状況に陥《おちい》ってしまう。

そんな実例を、ボクは数えきれないほど見てきました。

だから、セラピーの中でボクがすることといえば、アンハッピーな考え方を知らず知らずのうちにしてしまっている人の考え方を、徐々にハッピーな考え方に変えていくこと。それに尽《つ》きるのです。ボクは催眠療法家ではありますが、催眠誘導とかトランス誘導というのは、あくまでもハッピーな考え方を受け入れてもらいやすくするための、いわば圧力釜のような「道具」であって、催眠状態とか催眠暗示そのものが人の悩みや問題を解決するのではないのです。

「ハッピーな人はどんな考え方をするのだろう?」ということを、「DAY-IN DAY-OUT」と題して、自分のホームページに書き連《つら》ねていました。

今思えば、たぶん、それは読者に向けてのアドバイスというよりも、ボクがボク自身を励《はげ》ますためのものだったのかもしれません。正直なところ、ボクの「お説教」に嫌悪感を抱《いだ》く人のほうが多いだろうと思っていました。

しかし、驚いたことに、「『DAY-IN DAY-OUT』で救われた」「感動した」「励まされた」などというメッセージが、全国からたくさんたくさん寄せられたのです。

ボクはこれまで何冊か本を書かせていただいています。そのうちいくつかはベストセラーとなり、版を重ねています。しかし、そのほとんどは、潜在意識のテクニック面を強調したものでした。心理テクニックとか、話術とか。だから、そういうものを期待されることがほとんどだったのです。

それだけに、「DAY-IN DAY-OUT」に共感してくれる方々がこんなにもいることを知って、とても驚きました。

そして、もっと意外な出来事が起こりました。

祥伝社さんからこの本の企画書をいただいたとき、ボクはあまりの嬉しさに飛び上がらんばかりでした。「あの『DAY-IN DAY-OUT』のように、石井さんがメッセージとして読者に伝えたいことを書いてください。ダメな自分に落ち込んでいる人に、勇気を与えるようなものを書いてください」というオファーをいただいたのです。

そんなことを言ってくれる出版社は、これまでただのひとつもありませんでした。本当に嬉しかったのです。

この本は、ボクの他の著書に比べると、とても地味な印象を与えるはずです。何度も読み返さなくては理解できない部分もあるかもしれません。しかし、ボクは「本当に大切だと思うこと」を余《あま》すところなく書きました。

だからこそ、この本の中に、何かひとつでもキミの心に残るメッセージがあれば、それに勝る幸せはありません。

最後までお読みいただき、ありがとうございました。

「キミ」という読者を得たことに、ボクは深い喜びを感じています。

石井《いしい》裕之《ひろゆき》

本書は、二〇〇六年三月、小社より単行本『ダメな自分を救う本～人生を劇的に変えるアファメーション・テクニック』として刊行された作品を文庫化したものです。

祥伝社黄金文庫

祥伝社黄金文庫　創刊のことば

「小さくとも輝く知性」——祥伝社黄金文庫はいつの時代にあっても、きらりと光る個性を主張していきます。

真に人間的な価値とは何か、を求めるノン・ブックシリーズの子どもとしてスタートした祥伝社文庫ノンフィクションは、創刊15年を機に、祥伝社黄金文庫として新たな出発をいたします。「豊かで深い知恵と勇気」「大いなる人生の楽しみ」を追求するのが新シリーズの目的です。小さい身なりでも堂々と前進していきます。

黄金文庫をご愛読いただき、ご意見ご希望を編集部までお寄せくださいますよう、お願いいたします。

平成12年(2000年) 2月1日　　祥伝社黄金文庫　編集部

ダメな自分《じぶん》を救《すく》う本《ほん》　人生《じんせい》を劇的《げきてき》に変《か》えるアファメーション・テクニック

平成22年9月5日　初版第1刷発行

著　者　石《いし》 井《い》 裕《ひろ》 之《ゆき》

発行者　竹 内 和 芳

発行所　祥《しょう》 伝《でん》 社《しゃ》

東京都千代田区神田神保町 3-6-5
九段尚学ビル　〒101-8701
☎03(3265)2081(販売部)
☎03(3265)2084(編集部)
☎03(3265)3622(業務部)

印刷所　錦 明 印 刷

製本所　積 信 堂

ISBN978-4-396-31522-1 C0130

祥伝社のホームページ・http://www.shodensha.co.jp/